SERENA DANDINI

LA VENDETTA DELLE MUSE

HarperCollins

ISBN 979-12-5985-317-2

© 2023 Serena Dandini
Pubblicato in accordo con S&P Literary - Agenzia letteraria Sosia & Pistoia

Tutti i diritti sono riservati incluso il diritto
di riproduzione integrale o parziale in qualsiasi forma.

Le citazioni presenti nel testo sono tratte dalle seguenti edizioni:
Eva Menzio (a cura di), *Artemisia Gentileschi, Lettere.*
Precedute da Atti di un processo per stupro, Abscondita, Milano 2004.
Salvador Dalì, *La mia vita segreta*, trad. di I. Brin, Abscondita, Milano 2006.
André Breton, *Manifesti del surrealismo*, trad. di L. Magrini, Abscondita, Milano 2020.
Françoise Giroud, *Alma Mahler: o l'arte di essere amata*,
trad. di Michele Dean, Beat, Milano 2022.
Osvaldo Guerrieri, *Schiava di Picasso*, Neri Pozza, Milano 2016.
Ruth Barton, *Hedy Lamarr: la vita e le invenzioni della donna più bella
della storia del cinema*, trad. di C. Mapelli, Castelvecchi, Roma 2011.
Alma Mahler-Werfel, *La mia vita*, trad. di F. Salieri, Castelvecchi, Roma 2012.
André Breton, *Nadja*, trad. di G. Falzoni, Einaudi, Torino 2007.
Luca Trabucco (a cura di), *Camille Claudel: scultore. Un'identità problematica
tra arte e follia*, Nicomp Laboratorio Editoriale, Firenze 2012.
Eve Babitz, *La mia Hollywood*, trad. di T. Lo Porto
© 2023 Giunti Editore S.p.A. / Bompiani
Eve Babitz, *Slow Days, Fast Company*, trad. di T. Lo Porto
© 2017 Giunti Editore S.p.A. / Bompiani
Tiziana Agnati, *Artemisia Gentileschi*, Giunti Editore S.p.A, Firenze 2014.
Sophie Mousset, *Olympe de Gouges e i diritti della donna*,
trad. di A. R. Galeone, Argo, Lecce 2005.
Alberto Mario Banti, *Eros e virtù. Aristocratiche e borghesi da Watteau a Manet*,
Editori Laterza, Roma-Bari 2018.
Alexandre Dumas, *Le memorie di Garibaldi*, trad. di M. Milani, Mursia, Milano 2005.
Colette, *Il mio noviziato*, © 2004 Librairie Arthème Fayard
© 1981 Adelphi Edizioni S.p.A., Milano 1981.

L'Editore ringrazia tutti coloro che hanno collaborato,
e rimane a disposizione degli eventuali aventi diritto
con i quali non è stato oggettivamente possibile comunicare.

© 2023 HarperCollins Italia S.p.A., Milano
Prima edizione HarperCollins
novembre 2023

MISTO
Carta da fonti gestite
in maniera responsabile
FSC www.fsc.org **FSC® C005461**

Questo libro è prodotto con carta FSC certificata e da fonti controllate con un sistema
di controllo di parte terza indipendente per garantire una gestione forestale responsabile.

«Agli uomini viene chiesto di avere un perché,
alle donne un per chi.»

Michela Murgia

PROEMIO

Ricordo la mia professoressa di greco del ginnasio che, con voce solenne, decantava i versi di Omero in un'aula gelida illuminata come un serpentario.

"Cantami, o diva, del Pelìde Achille l'ira funesta eccetera eccetera" lo conosciamo tutti a memoria: è l'incipit che ripetevamo a pappagallo immaginando il povero Omero in attesa che la sua musa di riferimento si degnasse di concedergli l'agognata ispirazione mentre noi aspettavamo con la stessa trepidazione la campanella dell'intervallo.

Ma chi erano queste muse? In principio erano dee. E non dee qualsiasi, ma dee olimpiche: il top nella piramide sociale del pantheon greco. Le "nove figlie dal grande Zeus generate, Clio e Euterpe e Talia e Melpomene, Tersicore e Erato e Polimnia e Urania, e Calliope, che è la più illustre di tutte", per dirla con Esiodo, erano protettrici della memoria, padrone di passato, presente e futuro e, soprattutto, dell'ispirazione umana. Più di così...

Nell'Antica Grecia le muse presiedevano al delicato processo della creazione in ogni campo: dalla poesia alla danza, dalla tragedia alla musica. Gli artisti, consapevoli della propria siderale inferiorità, tentavano di ingraziarsele erigendo altari, intitolando loro sorgenti e boschi sacri, celebrando dolci riti a base di latte e miele, e ovviamente invocandole a piè sospinto prima di mettersi al lavoro. Perché sapevano che senza un innesco, una scintilla gentilmente elargita dalle muse, non ci sarebbero stati canti né liriche. No musa no party, no poesia, no opere d'arte.

Se ci fermassimo alle reminiscenze scolastiche, però, le muse rischierebbero di apparire fredde e distanti, come quei bassorilievi di marmo rinchiusi in teche polverose; invece erano molto di più. Ripercorrendo i miti che le riguardano scopriamo delle donne in carne e ossa, altere, consapevoli del proprio valore, scintillanti come Beyoncé e più vendicative di Shakira. Penso per esempio a quando un tal Tamiri, di professione musico, pensò bene di sfidarle nel canto. Il malcapitato ovviamente perse e finì accecato e privato della memoria. Come se non bastasse, le ragazze divine erano anche astute e piene di risorse: a loro si deve per esempio l'indovinello con cui la Sfinge difese per anni la città di Tebe.

Nessuna scultura, dipinto o monumento equestre, però, può raccontarle degnamente nel loro pieno esercizio del potere. Per far questo ci vorrebbe quantomeno un film... Il mio preferito è un cartone animato.

Se vi è capitato di accompagnare figlie e nipoti a vedere *Hercules* nella versione Disney di qualche anno fa, ricorderete che nel proemio (come direbbe la mia professoressa di Greco), un quintetto di muse cantanti scende ancheggiando dalle pareti di un vaso per raccontare al gentile pubblico la storia di Ercole. Hanno la spavalderia di Wanda Osiris, il talento per lo storytelling di Shonda Rhimes e l'autorevolezza di Aretha Franklin quando canta *Respect,* oltre all'ardire di proclamare niente meno che "la verità". Favolose.

Eppure quell'allegria un po' sfrontata di chi ha in pugno il mondo si è persa nei secoli. Oggi quando sentiamo la parola "musa" non pensiamo più a una dea magnifica e potente, ma a una figliola malinconica e sensuale asservita all'immaginazione di qualche artista, preferibilmente maschio.

Tutta colpa dell'amore romantico.

Non c'è pittore che, nel Rinascimento, non abbia deciso di dipingere le muse almeno una volta. Il condivisibile intento era quello di rappresentare la rinascita delle arti; il risultato sono stati alcuni indubbi capolavori che, però, hanno cristallizzato nell'immaginario collettivo un'iconografia specifica: addio alle ragazzacce di talento capaci di tutto, ed ecco apparire adolescenti virginali e burrose intente a lanciare al pubblico languidi sguardi in tralice. Un processo di umanizzazione che le ha sfrattate dal ruolo di amministratrici delegate dell'arte, riducendole a semplici impiegate della creatività. Il nostro furioso e brillante manipolo di dee intoccabili si è trasformato in un albo di figurine di giovinette ingenue e seducenti: lo stereotipo delle ragazzine in boccio tanto caro al pubblico maschile.

Passare da diva a donna non è stato così conveniente. Durante la metamorfosi le nostre hanno perso i superpoteri che le rendevano speciali e si sono affidate corpo e anima agli artisti, che dal canto loro hanno trovato sicuramente più pratico avere a che fare con creature umane piuttosto che con presenze eteree e lontane, contattabili solo a mezzo preghiere e doni votivi. E per tenerle legate a sé non c'era miglior modo dell'illusione più antica del mondo: una bella storia d'amore. Come si può intuire, lo scambio non è stato proprio un affare.

Perché essere la dea di qualcuno non equivale a essere dea in assoluto: essere dea del marito o dell'amante comporta infatti anche prosaici compiti come attovagliare il gentiluomo, farsi carico dei suoi frequenti malumori, incoraggiarlo e sostenerlo mentre egli cerca di far brillare il suo genio. Un ruolo tutt'altro che divino. Ma l'amore romantico è un potente anestetico, non a caso si è spesso trasformato in una trappola per legioni di ragazze che, inseguendo un destino attraente, si sono ritrovate chiuse in gabbia.

È normale che ogni femminismo abbia bandito ed etichettato come vittime queste figure all'apparenza sottomesse, che hanno sacrificato i loro talenti per lustrare come argenteria preziosa quelli dei loro mentori. Ma se guardiamo più da vicino, scopriamo che dentro i recinti in cui la storia le ha relegate si nasconde un mondo in ebollizione, una galassia multiforme e variopinta che, forse proprio a causa delle costrizioni del tempo, ha permesso alle muse moderne di sviluppare capacità inaudite.

Tra loro, c'è chi ha decorato la propria gabbia con pensieri stupendi, chi ha combattuto come una guerriera prima di arrendersi, e chi è riuscita a evadere con stratagemmi più astuti dell'Ulisse di Omero. E non dimentichiamo che il musismo è stato a volte anche una escape-strategy, l'unica possibilità di "fare carriera" per le ragazze che volevano dipingere, scrivere e comporre versi, visto che l'accesso a ogni scuola o accademia era loro precluso.

È tempo di riscoprirle, riportarle alla luce e, se necessario, vendicarle. Perché sotto la generica definizione di "musa" si nasconde un universo che racconta la storia della creatività umana e, su questo campo di battaglia, le muse hanno giocato un ruolo pari a quello degli artisti che hanno ispirato.

Qualsiasi atto creativo, e quindi vitale, si nutre di ciò che riusciamo a catturare fuori dalla nostra comfort zone; per questo tutti – uomini e donne – abbiamo bisogno di muse che, attraverso i loro segnali luminosi, ci invitino a uscire dal guscio delle nostre sicurezze.

L'ho capito proprio in quella fredda aula del liceo osservando la mia nuova compagna di classe, una tipa riccia, lentigginosa e dall'aria ispirata che, mentre la prof si esaltava con i versi dell'*Odissea*, leggeva un libro di Virginia Woolf nascosto sotto il banco. La riccia era una spanna avanti a me ed è stata il mio spirito guida fino alla maturità. Dopo averla eletta musa privilegiata ho seguito passo passo le sue meravigliose scoperte che, oltre a *Mrs Dalloway*, comprendevano anche degli audaci maglioncini color verde mela.

Le muse sono lì per questo, pronte a suggerirci infiniti modi di comportarci, di sentire, di vivere e anche di sopravvivere al dolore.

È stato quasi necessario per me andare a scavare nelle loro vite e impossessarmi delle ricette che hanno permesso a queste donne di percorrere sentieri impervi a beneficio delle generazioni venute dopo. Sono compagne di viaggio intrepide che camminano in bilico su fulmini e saette, come acrobate su un filo teso sull'abisso, e il quadro di Rossella Fumasoni era lì che mi aspettava per diventare la copertina del libro. Uno dei tanti cortocircuiti che l'amicizia ti regala.

Quelle che trovate di seguito sono alcune delle mie muse. Donne che hanno ispirato le mie scelte e nutrito il mio immaginario ma, soprattutto, mi hanno aperto lo sguardo, costringendomi a uscire da me per scoprire il mondo. Non so se sono anche le vostre, in ogni caso ve le presto volentieri, ma potrete aggiungerne tante altre, a vostro piacimento: basta guardarsi intorno per scoprire tesori rimasti fino a oggi sepolti.

Non ho pretese di esaustività: questo non è un catalogo né una piccola enciclopedia del musismo. È un album di ritratti e racconti, in quanto tale arbitrario, spettinato e, spero, vendicativo.

SYMPATHY FOR MARIANNE

Nostra musa della sopravvivenza

Volevo essere Marianne Faithfull. Questo sognavo mentre frequentavo la seconda media in una scuola pubblica di Roma nord. Eravamo a metà degli anni Sessanta, i brividi del boom economico non si erano ancora esauriti e proiettavano gli ultimi lampi di benessere su un piccolo mondo antico e provinciale che si commuoveva per le canzoni di Gigliola Cinquetti.

Io no. Semmai mi stava più simpatica Caterina Caselli che quell'anno, il 1966, si era piazzata al secondo posto al Festival di Sanremo con *Nessuno mi può giudicare*: ai concerti si esibiva con un basso Fender rosa cipria e si diceva che per partecipare alla gara canora fosse scappata di casa. Due buoni motivi per apprezzarla. Comunque uno spiraglio di novità per noi ragazzine che alle feste, per esibire una parvenza di minigonna, eravamo costrette ad arrotolare in vita di nascosto le lunghe palandrane che ci imponevano i nostri genitori.

Ma nonostante i buoni propositi del beat italiano, io non avevo altra musa all'infuori di Marianne Faithfull che, per la cronaca, in quegli anni era la fidanzata ufficiale di Mick Jagger.

Senza internet e telefonini, vivevamo isolati a una distanza siderale dalla Swinging London e, soprattutto, dalle seducenti luci dei negozi di Carnaby Street. Per respirare la modernità di quella terra lontana dovevamo arrangiarci, studiando le poche fotografie di cui riuscivamo a entrare in possesso, o aspettare i rari filmati in bianco e nero trasmessi dalle nostre austere tv che mostravano la beata frenesia dei teenagers durante i concerti: servizi di solito commentati con insopportabile sarcasmo da giornalisti benpensanti.

Noi invece guardavamo con invidia a quella nuova generazione spuntata oltremanica che già sembrava vivere in un futuro glorioso: cittadini privilegiati di un mondo in cui finalmente essere giovani era considerato un evento straordinario e l'adolescenza non rappresentava più solo l'inutile anticamera di una maturità triste e seriosa. L'idea di diventare da grandi come i nostri genitori ci appariva funesta, peggio di una morte apparente. L'unico modo per sfuggire a questa maledizione, almeno per me, era diventare come Marianne Evelyn Gabriel Faithfull e seguire il suo luminoso sentiero. Lei era alta, bionda, magra, con la voce angelica e la pelle di luna. La vedevamo muoversi eterea accanto al suo boyfriend come un fantasma appena uscito da un quadro preraffaellita, e a ogni passo incarnare il sogno di milioni di ragazze.

Io ero solo alta, ma questo non mi impediva di credere con tutte le mie forze che sarei potuta diventare la fidanzata del cantante dei Rolling Stones. Con la mia amica del cuore Patty Pera – che era bionda ma non alta, anzi parecchio bassina – ci eravamo divise i compiti, unico modo per non entrare in conflitto di interessi. Lei voleva essere Anita Pallenberg, la ragazza prima di Brian Jones poi di Keith Richards, quindi tutto a posto.

Let's Spend the Night Together, cantavano i Rolling Stones, e noi fanciulle ancora vergini del quartiere Trieste-Salario eravamo pronte a raccogliere l'invito. Ma al di là delle tipiche pulsioni erotiche adolescenziali, che hanno bisogno di una rockstar dal bacino roteante per mettere in moto i primi ormoni (un apprendistato sentimentale che poi si sarebbe rivolto a obiettivi più realistici tipo i compagni del liceo, gli amici del fratello o il figlio del portiere); insomma, al di là dell'attrazione fisica per il frontman della band più debosciata del momento, io volevo proprio essere Marianne e diventare una donna libera e spregiudicata, pronta a tutto pur di afferrare la nuova magica era apparsa all'orizzonte. A questo servono le muse, a ispirarci, Marianne però sembrava irraggiungibile.

Nata nel 1946 a Londra, era figlia del maggiore Robert Glynn Faithfull, e fin qui tutto bene, e della baronessa viennese Eva von Sacher-Masoch, pronipote del famoso scrittore di romanzi erotici Leopold von Sacher-Masoch, dal cui cognome non a caso deriva il termine "masochismo". Un'eredità complicata, quasi un auspicio per il futuro dell'artista.

La madre di Marianne aveva vissuto un'esistenza abbastanza eccezionale e rocambolesca: la trama perfetta per un romanzo novecentesco. Da giovanissima raggiunge Berlino e diventa una delle ballerine preferite del regista Max Reinhardt, fondatore di un teatro molto innovativo; lavora con Bertolt Brecht e il musicista Kurt Weill, vivendo da protagonista la scena dell'avanguardia artistica tedesca. Ma, con l'avvento di Hitler al potere e poi l'annessione dell'Austria al Terzo Reich, Eva è costretta a tornare a Vienna dalla famiglia che, pur essendo di origini ebree, gode di una certa protezione grazie alla fama letteraria e a valorosi trascorsi militari. I genitori però sono fieri oppositori della dittatura e così, dietro una facciata rispettabile, la sua casa d'infanzia si trasforma in un covo clandestino che diffonde la propaganda antinazista e accoglie i perseguitati dal regime. Eva passa dalle notti scintillanti della Repubblica di Weimar a quelle vissute nel terrore delle retate delle SS. Con la fine della guerra tornano finalmente ad affacciarsi le speranze, ma prima della liberazione la madre e la nonna sono costrette a subire, come molte donne viennesi, la violenza degli stupri dell'Armata Rossa, una scellerata pratica di rivalsa che purtroppo è rimasta una delle pagine più oscure della storia. Per Eva la vita sembra ripartire con l'incontro di un aitante agente segreto dell'esercito inglese: in poco tempo si innamora, si sposa e va a vivere con lui in Inghilterra, dove nasce Marianne. Come molti amori sbocciati in circostanze estreme e burrascose, anche questo matrimonio finisce con un divorzio, e la baronessa si ritrova senza mezzi e con una bambina da crescere. Ma è una donna temprata dalla vita e non si perde d'animo: pur di assicurare alla figlia un'istruzione si rimbocca le maniche e affronta ogni tipo di lavoro. Finirà a fare la cameriera in un pub a Reading, e anche quando sarà costretta a servire pinte di birra agli avventori ubriachi del Berkshire non perderà il suo proverbiale fascino aristocratico. Almeno agli occhi di Marianne, che non ha mai dimenticato i meravigliosi racconti dell'infanzia della mamma, ambientati in un mondo incantato fatto di balli principeschi e castelli da favola.

La giovane Faithfull non è solo una groupie balzata agli onori della cronaca per le sue *liaisons* amorose, ma una ragazza colta e curiosa con una lunga storia alle spalle e il talento di un'artista pronto a sbocciare.

Naturalmente io non sapevo nulla di tutto ciò quando con Patty Pera ritagliavo le foto della mia musa e le incollavo sull'album da disegno che custodivamo come una reliquia nel casotto degli attrezzi del suo giardino, trasformato da noi ragazze in un rifugio segreto. Con la scusa dei compiti ci nascondevamo per ore in quella casupola umida, che diventava per noi un varco spazio-temporale con il potere di proiettarci in un universo parallelo popolato solo dai nostri desideri. Come due cospiratrici, all'insaputa dei rispettivi genitori (che disapprovavano le nostre passioni rock), professavamo il culto proibito di una vita diversa, ascoltando su un mangiadischi tutti i 45 giri dei Rolling Stones e *As Tears Go By*, l'unica canzone di Faithfull arrivata fino a noi; che poi Mick Jagger ne fece una cover in italiano, un po' mielosa, in pieno contrasto con il repertorio diabolico della band. Ma a colpire il nostro immaginario era la versione di Marianne. C'era qualcosa di speciale in quella semplice ballad folk dal sapore malinconico che aveva conquistato le hit parade, e naturalmente me e la Patty Pera. Credo che il suo fascino si celasse nell'inusuale vena nostalgica che trasudava da ogni solco, in totale contrasto con la giovane età dell'interprete. Anche Marianne soffriva e le sue lacrime diventavano le nostre per la proprietà transitiva che solo le canzoni possiedono. Finalmente il disagio di vivere in una zona d'ombra, lontano dalle cose meravigliose che succedevano a nostra insaputa, possedeva una voce.

Avevamo quasi finito il nostro album di ritagli che, tra colla e umidità, si era gonfiato a dismisura quando tutti i giornali pubblicarono le foto dello scandalo. Le immagini dell'arresto per droga dei Rolling Stones dopo la perquisizione in casa di Keith Richards fecero il giro del mondo e Marianne divenne il "mostro" da sbattere in prima pagina. In realtà niente di eccezionale per quegli anni, se non che l'interesse morboso dei media si concentrò sulla giovane dal viso d'angelo che aveva abbandonato il marito e il figlio piccolo per unirsi a Mick Jagger e alla sua combriccola di ragazzacci. Gli articoli furono impietosi e la dipinsero come una poco di buono, una pervertita che – secondo le solite fonti accreditate – era stata colta in flagrante dagli agenti mentre il suo fidanzato leccava una barretta di cioccolato, un Mars per l'esattezza, inserita nella sua vagina (!). Tutti si lanciarono sulla notizia falsa ma pruriginosa, prontamente rinominata da qualche prode giornalista "Mars bar incident", e ne scaturì un putiferio senza precedenti. Testimoni assicuravano di aver visto la ragazza nuda, a malapena coperta da un tappeto di pelliccia, trascinata in evidente stato di alterazione fuori dalla casa incriminata. Faithfull divenne il bocconcino prelibato di un'opinione pubblica moralista e sessista, e cominciò a pagare molto cara la sua ricerca di libertà. Inutile aggiungere che io e Patty Pera invece avremmo pagato qualsiasi cifra pur di essere a quella festa: quando lo dichiarai stentorea a mia madre mentre commentava scandalizzata i gossip dei giornali, lei, senza pensarci troppo, mi mollò un ceffone memorabile.

Folkloristiche barrette al cioccolato a parte, Marianne

era nella realtà una giovane artista che stava cercando la sua strada e aveva già raccolto molti consensi nel mondo musicale. Non era certo Alice nel Paese delle Meraviglie del rock, capitata per caso nella stanza degli orchi famelici, ma mentre la band uscì rafforzata da quella sarabanda mediatica, conquistando l'alone di leggenda di cui ancora oggi va fiera, la fidanzata bionda fu fatta letteralmente a pezzi. Anni dopo e dopo numerosi altri corpo a corpo con la vita, Faithfull commenterà con una vena di amarezza nella sua autobiografia: "Mick e Keith sono stati fortunati, e parte della loro fortuna deriva proprio dall'essere uomini. Loro [da quella vicenda] sono risorti con una reputazione amplificata di fuorilegge pericolosi e affascinanti, io al contrario ne sono stata distrutta".

Le droghe e la libertà sessuale si addicevano ai cattivi ragazzi, ma non alle fanciulle perbene cresciute dalle suore. Così il santino della Madonna pop angelicata che troneggiava sulle copertine dei suoi primi dischi si trasformò, come in una brutta favola, nell'immagine di una delinquente, una puttana e, naturalmente, una cattiva madre. Questo incrinò per sempre la fiducia di Marianne in se stessa.

L'incontro con l'autore di *Sympathy for the Devil*, che io e Patty Pera nella nostra ingenuità pensavamo le avesse aperto le porte del paradiso terrestre, le spalancò invece quelle dell'inferno.

Marianne aveva appena ventidue anni, era troppo giovane e fragile per sostenere un ruolo di musa così impegnativo, eppure non tutti sanno che era stata proprio lei a suggerire quella canzone all'odor di zolfo che consacrò la carriera dei Rolling Stones. Al contrario di Mick, sicuramente un gigante nel suo genere ma certo non un fior d'intellettuale, Faithfull era una divoratrice di libri. Addirittura per decidere se un ragazzo era degno di una notte di sesso lo sottoponeva prima a un serrato interrogatorio verificando che conoscesse almeno le poesie di Byron e di Keats o *The Lady of Shalott* di Tennyson, la storia di un'eroina romantica che (come lei) aveva ceduto alla tentazione di una vita fuori dalla torre dove il destino l'aveva segregata.

Non mi meraviglia che come primo atto di musismo accertato Marianne abbia suggerito caldamente al suo fidanzato di leggere *Il Maestro e Margherita* dello scrittore russo Michail Bulgakov. Il libro, appena uscito postumo dopo anni di travagliata censura sovietica, folgorò il cantante, che subito compose la sua versione del patto con il diavolo.

Sympathy for the Devil riscosse un successo immediato e contribuì ad amplificare la popolarità dei Rolling Stones; di pari passo si moltiplicarono le critiche feroci che accusavano la band e la musica rock in generale di incitare al satanismo. Le dichiarazioni provocatorie di Keith Richards – «Ci sono stregoni di magia nera che ci credono agenti segreti di Lucifero e altri che pensano che noi siamo Lucifero stesso. Tutti sono Lucifero» – certo non aiutarono a distendere il clima. Purtroppo Marianne non era la Margherita di Bulgakov e non possedeva la diabolica crema che trasforma la protagonista del libro in una supereroina potente e spavalda, capace di sorvolare nuda i cieli di Russia a cavalcioni di una scopa. Le immagini che la ritraggono alla fine degli anni Settanta ci mostrano una figura evanescente vestita di abiti a fiori e lunghi stivali sopra il ginocchio, un'icona perfetta del suo tempo che stava però rischiando di andare alla deriva, come molti altri protagonisti di quella rivoluzione musicale.

Solo i più attrezzati, o forse i più scaltri, riuscirono a rimanere a galla o, come Mick Jagger, addirittura a cavalcare l'onda alimentando il proprio mito. Altri si arresero, come Brian Jones, il fondatore della band, anima instabile e anello debole di quella perfetta macchina da guerra che stava macinando un successo dietro l'altro.

Nel giugno del 1969 Mick, Keith e Charlie si presentarono a casa di Brian per certificare quello che ormai era uno dato di fatto: il suo allontanamento definitivo dal gruppo. L'abuso di droghe, i gusti musicali divergenti, un carattere troppo sensibile per affrontare il ritmo indiavolato di tour e apparizioni avevano già fatto prendere "all'amico fragile" una strada solitaria. Tagliato quell'ultimo filo che lo legava al mondo reale, Brian si è inabissato per sempre. Lo hanno trovato il 3 luglio 1969 privo di sensi in fondo alla sua piscina, nella casa di Hartfield, nel Sussex. I misteri e i sospetti intorno alla sua morte si sono susseguiti per anni: forse se fosse stato soccorso in tempo avrebbe potuto salvarsi, ma come ha scritto Pete Townshend degli Who in una poesia composta subito dopo la tragedia, quello era stato solo "*A normal day for Brian, a man who died every day*". Magari sarebbe bastato un po' di amore in più, ma non doveva essere facile amarlo con i suoi repentini cambi d'umore, che passavano velocemente da una dolcezza inaudita a scatti di rabbia feroci. Nonostante questo Marianne gli ha sempre voluto bene come a un fratello, forse perché riconosceva in lui le sue stesse insicurezze. Nelle foto di quegli anni che li vedono insieme sembrano gemelli separati dalla nascita: belli, dannati ed eleganti come due aristocratici appartenenti alla più sofisticata dinastia beat, vestiti di broccati e boa di struzzo multicolor, la frangia biondissima e spessa come una tenda a coprire gli occhi per ripararli dalla realtà. Ma la realtà quel giorno di luglio fece irruzione in tutta la sua crudezza e raggiunse Marianne come un presentimento: «[Brian] era la vittima emblematica degli anni Sessanta, del rock, della droga, di Mick e Keith. Il suo destino avrebbe potuto facilmente essere il mio». Una sentenza lapidaria che da quel momento la nostra musa cercò più o meno inconsciamente di mettere in pratica.

Appena due anni prima io e Patty Pera, sedute in una miracolosa seconda fila, avevamo assistito al primo concerto dei Rolling a Roma. Allora non potevamo presagire le tragedie shakespeariane che si nascondevano dietro la facciata glamour di quelle divinità olimpiche scese finalmente nella capitale italica per portare i loro doni.

Dopo uno dei tanti articoli diffamatori intitolato *Fareste uscire vostra figlia con un Rolling Stone?*, corredato da foto dei membri della band con un metro di lingua di fuori, mia madre aveva imposto a mia sorella di undici anni più grande e completamente disinteressata al fenomeno di accompagnare come una guardia del corpo me e Patty Pera all'agognato concerto. Brian era ancora lì a sogghignare sul palco e di quell'innocente sabba mi torna in mente, nel ricordo confuso dei miei dodici anni, l'impossibilità di ascoltare anche solo una nota: le urla di noi ragazzine riempivano come una cacofonica onda sonora la volta del palasport romano, già noto per la sua pessima acustica. L'importante era comunque stare a pochi metri dai nostri idoli e riuscire a prendere al volo una delle rose che Mick romanticamente lanciava dal palco. Ancora conservo il bocciolo rinsecchito di quel bottino adolescenziale che – confesso – non ho mai gettato durante i numerosi traslochi. Quella reliquia rappresentava per me un lasciapassare per la vita futura, era il talismano che mi avrebbe permesso di affermare la diversità dai miei genitori e intraprendere un cammino di donna libera. Pensieri ingenui e innocenti di una bambina ribelle, che ancora non presagiva le insidie che la sua generazione avrebbe dovuto affrontare per uscire dal bosco dell'infanzia.

Sei giorni dopo la morte di Brian Jones, Mick e Marianne volano in Australia per girare un film. C'è un contratto da rispettare e forse è meglio così, meglio non farsi vedere al funerale. Non si presentano neanche Keith e Anita Pallenberg, meglio non turbare la sensibilità dei fan che non avevano visto di buon occhio il repentino cambio di partner della modella da un Rolling all'altro. Forse era stato proprio il suo allontanamento ad aver spinto Brian al suicidio, o era stato un omicidio? Meglio non chiederselo, meglio rimuovere e andare avanti. Questo è il metodo usato dal gruppo per sopravvivere, non a caso sono diventati la band più longeva della storia.

Ma per Marianne non funziona. Quando scende dall'aereo a Sydney è quasi irriconoscibile, pallida, dimagrita e con gli occhi allucinati, sembra una sonnambula. Mick sorride alla stampa e la trascina con sé. Per superare la paura di volare le hanno prescritto un potente sedativo e ne ha già preso una quantità eccessiva, ma appena arriva in albergo decide di raggiungere Brian e fa fuori tutta la scatola. Per fortuna Mick si sveglia in piena notte e chiama l'ambulanza, ma Marianne resta in coma per sei lunghi giorni. Un viaggio onirico che la conduce in una terra sconosciuta dove incontra di nuovo il suo amico; lo racconterà lei stessa anni dopo quando, riemersa da una serie di discese agli inferi, deciderà di mettere in ordine la sua vita: «Benvenuta nella morte» le dice Brian ormai pacificato, «qui non troverai hotel, né ristoranti, non ne avrai bisogno...». E forse potrà fare a meno anche di tutte quelle droghe che ormai assume in quantità incredibili, in paradiso non le serviranno perché non avrà più bisogno di sfuggire al vortice di una vita che non le appartiene. Ma miracolosamente Marianne si risveglia: quell'apparente oasi di serenità si è già eclissata e la strada per l'abisso si spalanca di nuovo davanti ai suoi enormi occhi azzurri. Appena riprende conoscenza parla di cavalli selvaggi che non sono riusciti a trascinarla via. Una frase che sembra sconnessa, un ricordo del viaggio nella landa desolata dell'aldilà: *"Wild horses couldn't drag me away"*. E subito con quel verso Mick compone una canzone di successo.

Mentre è stesa su un letto d'ospedale australiano, imbottita di medicine che cercano di sostenere il suo esile corpo, Marianne mi appare come l'Ofelia di Shakespeare trasportata dalle correnti dopo essersi gettata nel fiume per amore di Amleto o, meglio, per l'impossibilità di vivergli accanto, proprio come lei con Mick. La immagino rapita in un sogno estatico mentre scivola sull'acqua circondata da fiori colorati, come l'ha ritratta John Millais nel celebre dipinto conservato alla Tate Britain.

La modella che ha posato per il quadro è Elizabeth Siddal detta Lizzie, una sorella di Marianne vissuta in piena epoca vittoriana, quando per una donna è ancora più difficile affermare il proprio talento, specialmente se ha scelto come compagno di vita il pittore Dante Gabriel Rossetti, una sorta di rockstar dei preraffaelliti: un movimento di giovani artisti considerati scapestrati perché volevano rivoluzionare il mondo.

Per un cortocircuito del destino, poco prima di partire per l'Australia, Marianne ha recitato in teatro nel ruolo di Ofelia per l'*Amleto* del regista Tony Richardson; una parte perfetta per lei, in totale sintonia con le sue passioni letterarie e forse un estremo tentativo, dopo lo scandalo degli arresti per droga, di rimettere in piedi la sua carriera.

Marianne-Ofelia-Lizzie sono la stessa persona, o almeno questa è la mia impressione quando al primo viaggio dopo la maturità, vedo il dipinto di Millais dal vivo. Finalmente ero a Londra, la città che avevo tanto sognato, ma ormai non seguivo più le avventure di Mick e compagni, preferivo le storie stellari di David Bowie alla ripetitività ossessiva dei Rolling Stones.

Stavo cercando la mia strada attraverso nuove passioni e avevo perso le tracce di Marianne. La immaginavo pacificata, magari a coltivare rose in una fattoria della campagna inglese, e invece non sapevo che era naufragata di nuovo. Qualche tempo dopo avrei scoperto che, mentre ero lì ad ammirare il dipinto che mi ricordava così tanto la musa angelicata della mia adolescenza, lei si trovava a poche fermate di underground: da qualche anno viveva per strada come una homeless, seduta sempre nello stesso posto, giorno e notte con qualsiasi tempo, ad aspettare la sua dose posteggiata come un rifiuto su un muretto in un vicolo alle spalle delle sfavillanti luci di Soho.

Più di un secolo prima anche Lizzie Siddal combatteva i suoi demoni abusando di laudano, un potente analgesico molto in voga in quegli ambienti e buono per curare ogni male, visto che altro non è che una tintura ricavata dall'oppio.

Lizzie è così affascinante e misteriosa che quando il pittore Walter Howell Deverell la vede per la prima volta nel negozio di cappelli dove lavora come commessa quasi impazzisce per il desiderio di ritrarla: una cascata vaporosa di capelli rosso rame incornicia un ovale perfetto, bianco come la porcellana più pregiata, illuminato solo da due occhi verdi come i prati irlandesi. È lei la musa che cercava da tempo e per convincerla a posare arriva a presentarsi con la madre a garanzia delle sue buone intenzioni. Tutto pur di scalfire l'inevitabile resistenza di Elisabeth: non era infatti opportuno per le ragazze perbene rimanere ore in una stanza da sole con degli uomini peraltro di dubbia fama. Per la verità, Deverell non deve sforzarsi più di tanto perché Lizzie è naturalmente attratta da quell'ambiente romantico, anche lei vorrebbe dipingere, magari scrivere poesie, e alla fine, contrastando il parere dei suoi genitori, accetta con entusiasmo di sfidare tutte le convenzioni.

Deverell quindi la ritrae in *La dodicesima notte*, ma è il grande Millais a trasformarla in leggenda scegliendola per la sua *Ophelia*. Per il compimento dell'opera Lizzie si sottopone a lunghe sedute di posa immersa in una vasca piena d'acqua gelida e fiori fradici. Alcune lampade a olio dovrebbero scaldare lo studio, ma quando si spengono Millais è troppo preso dal lavoro per riaccenderle e la modella resta immobile all'addiaccio, simulando la morte senza emettere un fiato. Lizzie è docile e arrendevole come la musa che ogni artista desidera, non si ribella neanche quando si ammala della forte polmonite che minerà la sua fragile salute. Sta vivendo un'occasione unica per le sue aspirazioni segrete e celando i

26

brividi continua a osservare con avidità il pittore concentrato sul suo capolavoro. È finalmente arrivata nel mondo che sognava e senza nessuna istruzione, da totale autodidatta, comincia timidamente a sondare la sua vocazione.

La confraternita dei preraffaelliti riunisce un gruppo di amici anticonvenzionali e bohémiens in aperta polemica con l'arte ufficiale e alla perenne ricerca di nuovi orizzonti estetici. Sono giovani, liberi, appassionati e decisi a lasciare un segno nella storia. Il caposcuola di questa specie di comunità hippy ante litteram è il carismatico Dante Gabriel Rossetti, un genio poliedrico e pieno di fascino che porta con orgoglio il nome del sommo poeta italiano.

Quando Dante incontra Lizzie capisce immediatamente di aver trovato la sua Beatrice e tra i due nasce una relazione romantica e incandescente che travolgerà per sempre l'esistenza della ragazza. Elizabeth Siddal sacrifica la sua reputazione e va a vivere con l'artista diventandone la musa esclusiva. Dante la venera però la tradisce, le promette un matrimonio che continua a rimandare ma le dedica versi infuocati in cui le giura amore eterno. Il pittore la vuole solo per sé, le proibisce di posare per chiunque altro, la ritrae ossessivamente, anche per tutta la notte al lume di candela: il volto di Lizzie apparirà in una serie di dipinti che illustrano la vera vita di Beatrice Portinari e le donne delle saghe medievali tanto care ai preraffaelliti. Il quadro più intenso che la vede protagonista, però, Dante lo realizza solo dopo la morte della compagna, affidandosi al ricordo della sua passione: *Beata Beatrix* sarà l'ultima Beatrice con cui consacrerà la musa di cui non aveva compreso il tormento.

Elizabeth Siddal si suicida a soli trentatré anni con un'overdose di laudano, come diremmo oggi, nonostante avesse cominciato faticosamente a farsi strada nell'ambiente dell'arte, guadagnandosi addirittura l'apprezzamento del critico John Ruskin, che aveva intuito e incoraggiato le sue capacità artistiche. Ma Lizzie – forse come Marianne – è troppo fragile per emanciparsi: rincorrere il proprio talento in un mondo costruito apposta per negarlo alle donne è un'impresa che fa tremare le vene e i polsi e a volte, nella disperazione, la scelta dell'oblio può diventare l'opzione più desiderabile.

Alla sua morte Dante impazzisce per il dolore, forse è anche devastato dai sensi di colpa e – come se volesse punirsi – seppellisce insieme alle spoglie dell'amata il quaderno di poesie che le aveva dedicato; prima che la bara venga chiusa, con un gesto teatrale Dante nasconde tra i folti capelli rosso fuoco, che tante volte aveva dipinto, i versi più belli della sua produzione.

È un omaggio sentimentale che si trasforma in una maledizione, perché da quel momento il poeta perde l'ispirazione, si danna e si tortura ma nella sua penna non c'è più una stilla di creatività. La vendetta (postuma) della musa è feroce e rischia di condurlo alla follia.

A otto anni dalla morte di Elisabeth ancora Rossetti non si dà pace, ma a questo punto il suo agente (ebbene sì, anche allora esistevano gli agenti) gli suggerisce una soluzione: «Perché non riesumare il corpo e recuperare il prezioso libretto?». Un pensiero inconfessabile che Dante, in segreto, aveva già accarezzato, senza però avere il coraggio di rivelarlo, e men che meno di metterlo in pratica.

Ora il pittore lascia che sia. Che se ne occupi chi di dovere. Lui non vuole partecipare a questo rito macabro ma acconsente alla profanazione della tomba che avviene nottetempo nel cimitero di Highgate, alla luce di un focaraccio acceso per l'occasione. Si narra che aprendo la bara di Lizzie, invece di uno scheletro, i becchini abbiano trovato il suo corpo in perfetto stato di conservazione, il volto intatto e ancora bellissimo. Ma a lasciare tutti di stucco fu la visione dei suoi capelli rossi, che in tutti quegli anni non avevano smesso di crescere e ora riempivano la bara infiammati dai riflessi del fuoco. Una storia degna dei romanzi gotici e delle eroine del ciclo arturiano che, se non da vive, almeno da morte sono riuscite a conquistare una potenza che è diventata leggendaria.

Marianne, invece, non muore. Né in Australia, né più avanti quando, ridotta pelle e ossa, decide quasi scientificamente di percorrere la strada dell'autodistruzione. Nel 1970, l'anno dopo il tentato suicidio, sceglie di interrompere l'ormai tossica relazione con Mick, proiettato verso un mondo di apparenza e successi: le sembra un'opzione di sopravvivenza, un ultimo tentativo di affermazione personale, e anche un modo per ricongiungersi con Nicholas, il figlio avuto dal primo marito. Ma le cose vanno all'opposto di come aveva immaginato: ritenuta instabile a causa del suo stile di vita, l'affidamento del figlio le viene revocato e Marianne precipita.

Abbandonate le relazioni glamour del jet set del rock and roll, finisce a vivere su un muretto di St. Anne's Court, ormai frequenta solo disperati come lei e si affida unicamente all'ingannevole amicizia dell'eroina che tanto promette ma, come il diavolo, ti toglie l'anima.

Quando ancora stava con Mick, Marianne aveva scritto i versi dolenti di *Sister Morphine*, una delle canzoni simbolo dei Rolling Stones, eppure al tempo non era, come molti pensano, sotto il giogo della droga più potente del reame. Ora, quando le capita di ascoltare il pezzo alla radio, quelle parole le appaiono come un'oscura premonizione.

Pochi sanno che fu Faithfull la prima a incidere questa ballad ispirata a un fatto di cronaca, con Mick alla chitarra acustica e Ry Cooder alla slide guitar. La sua versione, intensa e da brividi, rimase sul mercato per pochi mesi e poi la casa discografica decise di ritirarla. Era un pezzo che non si addiceva a una donna, peraltro con la sua fama. Ma soltanto due anni dopo *Sister Morphine* diventa un successo planetario dei Rolling Stones e viene inclusa nel celebre album *Sticky Fingers*, quello, per capirsi, con in copertina il primo piano di un paio di jeans e una vera zip per aprirli. Ma qualcosa manca in questo racconto, un particolare non trascurabile: nei credits dell'album il nome di Marianne non c'è. Una svista? Una cancellazione intenzionale? Nonostante ormai viva in condizioni al limite della sopravvivenza, la musa si ribella e decide di intentare causa. La vincerà più di vent'anni dopo, ottenendo uno dei tanti risarcimenti che la vita alla fine le concede.

Oltre al grande talento, a colpire l'immaginazione dei seguaci di Marianne Faithfull è anche la sua incredibile resistenza, una capacità di resurrezione pari solo al più famoso "risorto" della storia, tanto che ogni sua rinascita è salutata come un vero miracolo. Marianne è una fenice bionda che, dopo aver toccato gli abissi, ogni volta rinasce dalle sue ceneri e, con uno stupefacente colpo d'ala, si rimette a volare con una nuova voglia di vivere e sperimentare. Accade anche nel 1979: tutti la danno ormai per dispersa ma la cantante annichilisce il pubblico con un brano che sembra emergere direttamente dall'oltretomba e conquista le classifiche di tutto il mondo. La sua voce è spezzata, rotta, rovinata da anni di vita spericolata: *Broken English* più che una canzone è un graffio sonoro che arriva come un pugno dritto al cuore della gente e Marianne è di nuovo sull'altare venerata dalle nuove generazioni. Sull'onda di questa ennesima palingenesi inaugura collaborazioni inedite con musicisti new wave e d'avanguardia e torna al cinema come attrice di culto in vari film, tra cui il premiato *Irina Palm* di Sam Garbarski, in cui interpreta una straordinaria nonna sex worker.

Quando finalmente la incontro, Nostra Signora della Sopravvivenza ha appena scritto la sua autobiografia, è ormai passata un'eternità dai tempi in cui ritagliavo le sue foto in bianco e nero per il mio album da adolescente ma l'emozione mi attanaglia lo stesso. Purtroppo ho perso di vista Patty Pera, l'amica complice delle medie: provo a rintracciarla ma all'inizio degli anni Novanta senza l'aiuto dei social è un'impresa impossibile, sfugge a ogni ricerca. Avrei voluto condividere con lei questo momento, magari chiederle dei consigli, devo solo fare un'intervista per così dire professionale per il mio programma tv, ma il primo istinto sarebbe quello di inginocchiarmi davanti alla mia musa e chiederle almeno una benedizione. Un gesto che risulterebbe quantomeno bizzarro per i tecnici Rai che stanno sistemando il set.

Marianne arriva sorridente e vestita di nero. Io sorrido, vestita di nero. Ci stringiamo la mano e, forse è solo un'impressione, ma sento un'immediata complicità.

È ancora bellissima nonostante il volto segnato dagli innumerevoli viaggi all'inferno. Mi guarda avvolta da un'affascinante timidezza british e mi dice con una voce carica di tutta la dark side dell'esistenza che avrebbe sempre sognato fare il mio lavoro: sì, le piacerebbe di più fare domande che dare risposte. Mi spiazza. A quel punto vorrei raccontarle tutta la mia vita da Patty Pera in poi, spiegandole che qualche piccolo abisso l'ho sfiorato anch'io ma le grandi donne come lei mi hanno insegnato a resistere e attraverso la loro fragilità ho trovato la mia forza; e che anch'io come lei amo Lizzie Siddal e la leggenda della Lady di Shalott, che disubbidisce al suo destino e come Euridice si volta per scoprire il mondo reale; e confessarle quanto Mick Jagger non mi piaccia più, e che avevo pure pensato di buttare la rosa rinsecchita; e anche di come sia azzeccato il rossetto che ha scelto per oggi; ma non mi esce nessun suono. Al via del tecnico parto con l'intervista, mi hanno concesso solo dieci minuti del suo tempo e devo darmi una mossa. Alla fine ne esce un incontro cordiale e affettuoso, a tratti anche profondo, uno scambio "da donna a donna", come si dice odiosamente in gergo. Ma niente di più. Quando sta per andarsene Mrs Faithfull si volta e mi chiede se mi farebbe piacere avere una sua dedica sulla copia del libro pieno di orecchie che stringo al petto, e io le rispondo imbarazzata: «Magari, Marianne, perché sei da sempre la mia musa». Lei mi guarda e invade lo studio con una risata roca iperuranica che ci stende tutti.

Per la cronaca, un paio di anni fa è uscito il suo disco *She Walks in Beauty*, un bellissimo lavoro realizzato con musicisti d'eccezione come Nick Cave e Brian Eno, in cui Marianne recita i versi di Tennyson, Byron e Keats, gli autori che l'hanno accompagnata nella sua lunga e turbolenta vita e sono stati un'ancora di salvezza nei momenti più bui. Finalmente può declamarli con la voce consumata dalle esperienze: un suono magico che ricorda a tutti noi quanto sia difficile vivere ma che non bisogna mai smettere di cercare la bellezza.

Durante la registrazione Marianne si è ammalata gravemente di Covid ed è stata tre settimane tra la vita e la morte. Una mattina si è svegliata sorridendo. Era sopravvissuta ancora una volta.

RAGAZZE ELETTRICHE

Alma, Gala e l'arte del musismo

«Che cosa vuoi di più? Tu hai tutto» si saranno sentite dire. Ma cosa vuol dire "tutto"? È una parola troppo generica per abbracciare l'intera gamma dei desideri. Ciascuno vuole un "tutto" diverso, e ora che anche le donne si son messe a desiderare esistenze più ampie, allargando a dismisura i loro orizzonti personali, l'affare si complica. Ma c'è chi ha anticipato i tempi, divorando la vita e le sue infinite possibilità in un'epoca dove poco era permesso a chi non apparteneva al genere maschile.

Ecco perché oggi più che mai dovremmo capirle, queste due muse. Alma Schindler (in Mahler prima, in Gropius poi e infine in Werfel) ed Elena Ivanovna D'jakonova, per tutti Gala, sono passate alla storia come due streghe, capaci di addomesticare gli altri al proprio volere e alle proprie ambizioni grazie a una sessualità prorompente e a menti perverse. Sono state spesso ricordate come arrampicatrici sociali, mangiatrici di uomini. Etichette che ancora spaventano le più spavalde tra noi ma che invece loro hanno indossato con noncuranza e gettato via come vestiti passati di moda.

La narrazione per le ragazze considerate "cattive" è crudele e non fa sconti ma questa – come spesso capita – è la versione della storia raccontata dagli uomini, per stigmatizzare le esponenti del sesso femminile che non sono state alle regole. Alma e Gala sono vissute in un'epoca in cui alle donne tanto era precluso e dalle donne tanto ci si aspettava, e loro non solo hanno scelto di rompere lo schema preconfezionato, inanellando uno scandalo dietro l'altro, ma una volta giunte al massimo della gloria, nel fulgore dei "migliori anni", hanno distrutto tutto e poi ricostruito, con nuove consapevolezze, senza mai abbandonare quel sano egoismo sempre sconsigliato alle fanciulle. E, come se non bastasse, totalmente prive di quel fardello chiamato senso di colpa che dai tempi di Eva funesta le nostre scelte più ardite.

Due cattive maestre senza dubbio necessarie, che occupano a pieno titolo un posto d'onore in questo Olimpo di eroine.

Come muse erano talmente brave che dedicare tempo a qualsiasi altra cosa – fosse pure comporre, dipingere o fotografare – sarebbe stato un delitto. Perché il loro talento era esattamente questo: il musismo. La loro materia prima era quella umana, la loro cifra il successo – il loro prima di tutto – ottenuto attraverso gli uomini che hanno deciso di illuminare. È così che sono diventate immortali e hanno vendicato l'abnegazione oscura e silenziosa di tante che sono state relegate in una zona d'ombra.

Prendiamo Alma Schindler: nel 1905 ha quello che la buona società europea considera "tutto" per qualsiasi donna. Due figlie, un marito famoso e ricco, e che per di più la ama, sebbene in un suo modo un po' astratto, come se lei fosse un'idea – l'idea dell'amore, l'idea della moglie devota

–, un concetto filosofico più che un essere umano. Ha anche una vita culturale stimolante, frequenta teatri, salotti... Vienna è ai suoi piedi, e lei non ha nemmeno trent'anni. Peccato che per avere tutto ciò Alma stia abdicando a se stessa. "Com'è difficile" scrive nel suo diario, "essere privati così senza pietà delle cose che ci stanno a cuore." Perché il ruolo all'apparenza beato di musa di Gustav Mahler ha un costo piuttosto alto, per lei: la dedizione totale. Che significa farsi tutta tenerezza, comprensione, accoglienza e rinunciare a un'individualità caparbia e determinata, ma anche a delle doti musicali che forse, chissà, potrebbero sbocciare.

Lei ci prova a obbedire, a dimenticarsi di sé, a votarsi esclusivamente al suo genio, ma non ce la fa. Come il magma incandescente che si agita nelle viscere della Terra alla prima frattura in superficie esce e dilaga, così Alma fallisce nel tentativo di comprimere se stessa in un abito che le impedisce di respirare. Il tempo passa e piano piano i punti saltano, le maglie si allargano, fino a che la sua frustrazione esonda e la porta fuori da quella condizione di infelicità.

Lo stesso accade a Gala: la sua personalità carismatica e la sua capacità di vivere senza inibizioni negli anni Venti del Novecento l'hanno resa protagonista alla pari degli uomini della corrente surrealista. È riconosciuta come artista. Il suo talento: la vita. Al punto che attorno a lei si anima una sorta di culto, favorito e incoraggiato dal marito, il poeta Paul Éluard. Anche lui la venera, altrimenti non si spiegherebbe perché accetti la presenza nel loro matrimonio del celebre amante di lei, Max Ernst, consentendole di vivere la relazione alla luce del sole. Anche Gala ha tutto ciò che una donna esuberante e ambiziosa può desiderare: fama, libertà, devozione (altrui), un amante e un marito compiacente. Però qualcosa le manca, e questo qualcosa è il brivido dell'irrazionalità. Non le basta essere la musa di tutti, né tantomeno la appaga la maternità, che considera solo un dettaglio della sua esistenza. L'assist per la fuga le arriva dall'incontro inaspettato con un genio della pittura di dieci anni più giovane, visionario, folle, ancora incompreso, ma destinato a entrare nell'empireo dei più grandi. Quindi Gala con un balzo lascia tutto – la figlia, il marito, un matrimonio che le garantisce la sicurezza economica – per un punto interrogativo. Ma glielo dice l'istinto, l'unica forza cui accetta di sottomettersi.

Queste due muse nascono a pochi anni di distanza, in un'Europa sempre uguale a se stessa che sta per essere travolta dal fuoco della modernità. Alma Schindler viene al mondo a Vienna nel 1879, lo stesso anno in cui Francesco Giuseppe organizza una colossale parata per festeggiare le nozze d'argento con la moglie, la celeberrima Sissi. In apparenza le cose vanno come sempre sono andate a memoria d'uomo, e gli austriaci continuano a volteggiare al ritmo dei valzer di Strauss, come si usava nella "grande Vienna" imperiale. Ma dietro il paravento della mondanità, la società è scossa da un vento potente e inarrestabile. Intellettuali e artisti coltivano idee rivoluzionarie che a breve germoglieranno nelle teorie di Sigmund Freud, nei dipinti di Gustav Klimt, nelle riflessioni di Ludwig Wittgenstein.

Alma respira da subito questa atmosfera: è figlia del pittore di paesaggi Emil Schindler e di Anna von Bergen, cantante di operetta. Cresce nella musica e si convince che la sua vocazione non possa essere che in quell'ambito. Conosce Wagner alla perfezione, scrive senza posa sonate, ballate, pezzi d'opera. Sogna di vedere il suo nome iscritto fra quello dei grandi. Non farà come Clara Wieck, che ha rinunciato a tutto per amore del ben più celebre marito, ovvero Robert Schumann. Il talento arde in lei così dirompente, che nulla potrà fermarla. Nulla, tranne il lutto. Solo che a tredici anni nemmeno ti viene in mente che una persona che ami possa andarsene.

A quell'età Alma perde il padre, che adorava, ricambiata. È una ferita che non si rimarginerà mai, e che spiegherà così: "Sentivo di aver perso il mio mentore, la stella che mi guidava. E nessuno tranne lui mi avrebbe capito".

In compenso, per il momento lei e la musica continuano a crescere insieme: a sedici anni Alma è una giovane promessa sotto la guida del poco più grande Alexander von Zemlinsky, musicista e direttore d'orchestra di valore, invaghito di lei al punto da annullare se stesso per lasciarle spazio; ma è anche una ragazza dai magnetici occhi blu, le labbra carnose, che adora stare al centro dell'attenzione. E la Vienna dei salotti adora guardarla, giudicarla, commentarla, perché Alma sprigiona un fascino enigmatico che esprime un mix contraddittorio, proprio come il suo carattere: sprezzante e distaccato, e al contempo sensuale e appassionato. E poi è colta: legge Nietzsche e Stendhal, conosce Ibsen, frequenta il festival mozartiano di Salisburgo. È, insomma, la figlia imprevedibile di quel tempo nuovo che tutti tentavano affannosamente di afferrare.

Gustav Klimt ne è ammaliato: lui ha trentacinque anni, lei diciassette, e la innalza a personificazione del movimento artistico della Secessione viennese, facendola posare nei panni di Giuditta, la seduttrice spietata e crudele che prima ammalia e poi distrugge. Così passerà alla storia, come incantatrice seriale capace di condurre alla pazzia un uomo dopo l'altro. Il filosofo Theodor Adorno la definirà "mostro"; Strauss affermerà di vedere in lei "i complessi di inferiorità di una femmina dissoluta"... e mi fermo qui solo per ragioni di spazio, ma come sappiamo la varietà di insulti rivolti alle donne di carattere è una costante che non è mai cambiata nel tempo e ancora oggi non ha toni molto diversi.

Agli inizi di novembre del 1901 Alma partecipa a una cena di gala e incontra un altro Gustav, il direttore dell'Opera di Vienna, la posizione musicale di maggior prestigio di tutto l'impero austriaco. I due discutono animatamente di musica e subito scatta qualcosa: lui la invita all'Opera il giorno seguente, lei accetta.

Comincia una frequentazione che, nel giro di un mese, porta entrambi a innamorarsi. Il 20 novembre Alma scrive nel suo diario che l'effigie di lui è scolpita nel suo cuore, il 7 dicembre decidono in segreto di sposarsi. Mahler ha vent'anni più di lei, è idolatrato come un divo del cinema, ma è anche un genio solitario e tormentato: ossessionato dalla composizione, distrutto dalla quantità di tempo che la direzione del teatro e quella d'orchestra gli portano via, trascorre ogni momento libero in una stanza di venti metri quadrati, dove compone le sue sinfonie.

Alma prova per lui una sorta di timore reverenziale: è pur sempre una sorta di semidio della musica. È lusingata dalla sua attrazione. Forse sente di aver ritrovato in quest'uomo così più grande di lei qualcosa di simile all'idilliaco amore perduto nei confronti del padre. Mahler, in compenso, di lei si innamora genuinamente. Della sua bellezza, della sua energia, del suo fascino inafferrabile. La vuole tutta per sé, come un bambino la mamma. Secondo figlio di ben quattordici fratelli e sorelle, Gustav aveva un padre tirannico e brutale, e una madre anaffettiva e sempre malata, incapace di dargli la tenerezza e le cure di cui avrebbe avuto bisogno. L'unica casa che aveva conosciuto era la musica. Questo cerca da Alma: la sicurezza, l'amore assoluto, l'abnegazione di una madre.

Con i suoi vent'anni in più sulle spalle, nonostante la pressoché totale inesperienza sentimentale, si illude di poter "mettere in ordine" la giovane, come una nota tra le righe. E così, in maniera persino un po' ingenua, quando Alma prima del matrimonio gli confessa di voler continuare a comporre, le esplicita esattamente cosa si attende da lei. Per poter svolgere bene il suo compito di moglie, ritiene Gustav, Alma dovrà rinunciare a ogni ambizione personale. O, meglio, dovrà allineare le sue ambizioni a quelle di lui: entrambi dovranno servire un solo talento, quello di Gustav Malher.

"Come immagini la vita in comune di due compositori? Puoi figurarti fino a che punto una così strana rivalità potrà diventare ridicola, sino a dimostrarsi degradante per tutti e due?" Gustav non cerca una collega né tantomeno una relazione paritaria: vuole una donna che voti se stessa a renderlo felice e gli permetta di comporre la sua musica in santa pace.

Viene da chiedersi come mai lei lo sposi comunque. Forse perché aveva poco più di vent'anni, perché era ambiziosa ed era difficile rinunciare alla tentazione della vanità: agli occhi dell'intera società occidentale il posto di sposa di un uomo celebre e stimato era considerato allora molto prestigioso e lo è tuttora che è passato più di un secolo. E poi Alma è talmente sicura delle sue capacità che deve aver pensato di farcela in ogni caso, nonostante i divieti del futuro marito, forse vittima della convinzione (sempre errata) dell'"io lo cambierò". Difatti, al suo diario confida: "D'ora in poi dovrò muovermi a gomitate per consolidare la posizione che mi spetta. Artisticamente, voglio dire. La realtà è che non ha alcuna stima per la mia arte e molta per la sua, mentre io non ne ho nessuna per la sua e parecchia per la mia". Poche idee ma chiarissime.

Le campane dunque suonano a nozze e il 9 marzo 1902 Alma Schindler diventa Alma Mahler. Alla cerimonia partecipano solo i parenti più stretti, forse perché le famiglie e gli amici dell'uno e dell'altra ritengono che ci sia poco da festeggiare. I Mahler considerano Alma civettuola e inaffidabile; persone vicine agli Schindler si stupiscono invece del fatto che lei, nel fiore degli anni, abbia scelto un "rachitico degenerato" (per usare le parole di Max Burckhardt, il direttore del Teatro di Vienna), per di più "lunatico e autoritario", stando alla testimonianza della ex fidanzata di lui, la violinista Natalie Bauer-Lechner. Un chiacchiericcio molto diffuso all'epoca, visto che è arrivato sino a noi senza l'ausilio di Instagram o Twitter.

Ma ai due non importa e costruiscono immediatamente una famiglia: nove mesi dopo nasce Maria Anna, che morirà nel 1907 per la difterite. La seconda figlia, Anna, viene invece al mondo nel 1904.

Almeno all'inizio Alma ci prova, a consacrarsi all'ideale del marito: si occupa delle figlie e della casa in maniera energica e impeccabile; per lui fa tutto, lo avvolge con le sue premure e con il suo affetto, mentre Gustav compone lei indossa addirittura le pattine che lui le ha caldamente consigliato per non fare rumore, ma una fastidiosa tristezza comincia a funestare le sue giornate.

Il fatto che Mahler la erga a sua musa ispiratrice la sta trasformando in un'astrazione, mentre lei si sente più che mai fatta di carne e ogni giorno rimpiange le antiche aspirazioni e la sua creatività ormai annichilita. Ogni volta che si siede al pianoforte viene soverchiata da un letale mix di stizza e avvilimento: com'è possibile che lei, così ispirata, sia ridotta al silenzio?

L'umore di Alma oscilla tra esaltazione, malinconia e rabbia. Avendo perso se stessa, proietta tutto sul marito: «Soffoco sotto il tuo genio cieco» gli dice, «mi dimentico di esistere».

A ricordarle come si fa ci pensa la vita.

In una desolazione che sembra senza fine, Alma va in vacanza nella stazione termale di Tobelbad. È il 1910 e lì conosce Walter Gropius, giovane architetto di grandi speranze: ha appena fondato un proprio studio e realizzato le sue prime opere avanguardiste e si avvia a diventare uno dei più importanti esponenti del Modernismo europeo, nel giro di pochi anni fonderà il Bauhaus. Alma ne è affascinata, come sempre è attratta dal talento. La freschezza, l'effervescenza e la totale assenza di competizione di questa nuova relazione la riportano alla ragazza che è stata e che vuole tornare a essere. Quella indipendente, arguta e sofisticata: forse, così, ritroverà l'ispirazione. In ogni caso le torna la gioia di vivere.

I due diventano amanti. Mentre Mahler è incapace di uscire dai binari della sua routine da workaholic, lei comincia a rinascere, sottraendosi a lui un pezzo per volta. A Gropius scrive lettere appassionate, cui lui risponde a tono. Ma un giorno una delle sue missive infuocate viene recapitata per errore a Mahler. Anche allora, ben prima dell'era dei whatsapp clandestini, poteva succedere l'irreparabile.

Gustav legge la lettera, comprende di essere stato tradito, è pazzo di gelosia ma non vuole essere lasciato. La supplica, è disposto a tutto ma dubita di sé. Dubita di riuscire a riconquistarla. Quindi in agosto sale su un treno per Leida e va a consultarsi con Freud. La strana coppia passeggia per quattro ore, una seduta psicanalitica eterna al termine della quale il musicista torna a Vienna leggermente rassicurato ma ancora incapace di accettare la perdita della moglie. È a questo punto che Mahler, forse consigliato dallo psicoanalista, decide di schierare l'artiglieria pesante. Un giorno Alma rincasa e trova il marito seduto al pianoforte, intento nei Lieder composti da lei. Ogni estate Alma li trasportava avanti e indietro da Vienna, chiusi in una cartella che non toccava mai. E ora lui, il grande compositore, li sta suonando per lei. Appena la vede si alza ed esclama: «Cosa mai ho fatto! Questi Lieder sono buoni, anzi sono eccellenti! Io voglio che tu ci lavori sopra, bisogna pubblicarli». Afferma che ne farà pubblicare cinque, e che organizzerà un'esecuzione negli Stati Uniti.

Alma è sopraffatta da questa mossa a sorpresa: imprigionati in una relazione impossibile, ormai i due si torturano a vicenda ma, al contempo, hanno bisogno uno dell'altra. Non posso vivere con te né senza di te, insomma, come sintetizzeranno anni dopo gli U2 a beneficio dell'eterno dilemma.

Tant'è vero che Alma non lascia Gustav, benché Gropius la voglia solo per sé e la ponga più volte di fronte a un *aut aut*. Fino alla fine, Alma continua a scegliere Mahler, cui anche in futuro a ogni trasloco dedicherà una stanza della casa, indipendentemente dal marito di turno.

Dopo poco lui muore. È il 1911, i due sono rientrati a Vienna a seguito di un'impressionante sequenza di trionfi musicali in Europa e negli Stati Uniti, e altrettanti fallimenti della medicina del tempo nel curare l'endocardite del compositore. Mahler lascia una moglie, una figlia e una sinfonia, la *Decima*, tutte e tre incompiute.

Il dolore è devastante, ma Alma non può fare a meno di sentirsi anche sollevata: "Non sarò più la schiava di nessun uomo" scrive, e al contrario di molte di noi lo mette in pratica. Ma ogni volta che si siede al pianoforte la musica tace. Se non può più esaltare il suo talento personale allora mostrerà la sua grandezza in un altro modo: facendo brillare quello di chi le è accanto. Avvolge gli amanti come ha saputo fare con il primo marito, li gratifica, li ispira: fa loro da musa, così che non desiderino far altro che esaltarla. La gloria riflessa: è così che diventerà una dea, fungendo da specchio ai geni di cui si circonda.

È la stessa missione cui si consacra Gala, ma da subito e con estrema chiarezza di intenti.

La sua storia ha due inizi: il 1894, l'anno in cui nasce, e il 1929, l'anno in cui tutto ciò che è accaduto fino ad allora viene obliterato dall'incontro con Salvador Dalí.

Per sommi capi, ecco cosa accade "prima". Gala, che ancora si chiama Elena, viene al mondo a Kazàn', capitale del Tatarstan nella Russia centrale, a mille chilometri da Mosca. Di questa terra magnifica e circospetta, Gala è la figlia perfetta: bambina cagionevole, dall'aspetto fragile, sottopelle cela la fredda determinazione del Volga, la ferocia di Gengis Khan, la sete di indipendenza e la rabbia per le umiliazioni subite nei secoli dalla sua gente.

È la terza figlia di due intellettuali, Antonine e Ivan. Al contrario di Alma, con il padre non ha chissà quale rapporto: Ivan lascia presto la famiglia per andare a cercare oro in Siberia e muore quando Gala ha poco più di dieci anni. Rimasta sola con quattro figli, in stato di semipovertà, la madre si risposa velocemente, e fa un colpaccio: il nuovo marito è un noto avvocato moscovita, Dimitri Illitch Gomberg, che preleva l'intera famiglia e la porta con sé nella capitale. A Mosca Gala viene iscritta in un istituto femminile, dove scopre la passione per i libri, la letteratura, la poesia. E fa amicizia con Anastasia Cvetaeva, sorella minore della ben più celebre Marina. Pare che sia stata proprio la poetessa ad affibbiarle il soprannome con cui è stata poi sempre nota: Gala.

Spesso ricoverata, come tutti coloro che da bambini sono a lungo malati anche lei capisce in fretta che il suo tempo non è infinito, e che l'unico peccato degno di nota è sprecarlo accontentandosi. Infatti non lo fa, mai, e appena può si getta nelle braccia della vita.

Nel suo caso, galeotta è la malattia. Nel 1912, a causa di una grave tubercolosi, la nostra viene spedita a Davos, in Svizzera, nel sanatorio di Clavadel, dove per la prima volta si innamora. Lui è un ragazzino appena più giovane, un francese. Si chiama Eugène Émile Paul Grindel, viene da una famiglia modesta e modesto è il suo aspetto: carnagione bianchissima, capelli a tendina con la riga nel mezzo, magrolino e appunto malato, tant'è che ha dovuto interrompere gli studi per curarsi. La cura sarà l'amore per Gala.

Mentre si dichiara suo "discepolo" e si getta ubbidiente nelle letture dei classici russi che lei gli consiglia, l'innamorato le confessa che si sta dibattendo nel dubbio sulla carriera da scegliere: meglio la relativa sicurezza di un impiego noioso come quello del padre, contabile, o il sogno della poesia? A Parigi, dove Eugène vive, artisti e intellettuali stanno immaginando nuove modalità espressive, trasformando le loro stesse vite in opere d'arte: è l'avanguardia, per cui ogni esperienza, ogni istante si fa occasione per inscenare una performance. Per lasciare un segno.

Gala beve le parole del ragazzo appena diciassettenne, legge le sue poesie, ne è conquistata, lo incoraggia.

Nel 1913 – i due sono ancora ricoverati – esce *Premiers poèmes*, dedicato a Gala e firmato da Eugène con uno pseudonimo. La Francia scopre in quel momento uno scrittore destinato a essere studiato sui banchi di scuola: Paul Éluard.

I due ragazzi sentono di potercela fare con le loro forze e decidono di trasferirsi a Parigi per immergersi in quel variopinto movimento intellettuale che la sera, dopo giornate trascorse negli studi e negli atelier, si riversa nei tavolini dei bistrot di Saint-Germain-des-Prés. Purtroppo questa promettente vita bohémienne è bruscamente interrotta dallo scoppio della Prima guerra mondiale: Paul si arruola, sposa Gala durante una licenza, e lei si ritrova costretta nell'appartamento dei genitori di lui, a sperare in un congedo.

C'è una foto che la ritrae l'anno successivo in Normandia, dove è sfollata insieme alla suocera e alla nonna del marito. In braccio ha la figlia, Cécile, nata da poco. Le altre due donne sono sconfitte dal dolore e dalla preoccupazione, lei ha una smorfia inferocita. Per quanto possibile Gala marca la sua distanza da quel patetico quadretto familiare. Non per niente Éluard l'ha descritta come "la donna il cui sguardo trafigge i muri": gli occhi piantati nell'obiettivo, la mandibola di marmo, si sforza di inarcare le labbra in un sorriso, ma è palese che vorrebbe essere ovunque purché non lì, con una neonata in braccio. Non era quanto lei e Paul si erano promessi.

Finalmente la guerra termina. È il novembre del 1918. La gente può seppellire morti e incubi e cominciare a ricostruire. Così fanno gli Éluard, che sbarcano nella capitale per stabilirsi in un appartamento tutto loro. Era ora. La piccola Cécile è spesso e volentieri parcheggiata presso nonna e bisnonna, poiché prendersene cura sarebbe incompatibile con le ambizioni della madre: «Non avrò mai l'aspetto di una casalinga» dice al marito, «sarò una vera e propria coquette (brillante, profumata e con le mani curate). Leggerò molto, moltissimo. Lavorerò nel campo del design o della traduzione. Farò tutto, ma avrò l'aria di una donna che non si sforza». Un manifesto programmatico ancora oggi da sottoscrivere.

I due entrano a far parte del circolo di André Breton, il nucleo del movimento surrealista. Gala non è un'artista, ma comunque diventa il volto femminile del gruppo: è l'unica donna a comparire nel quadro di Max Ernst *Au rendez-vous des amis* del 1922 che ne ritrae i principali membri. Tutti tengono in gran conto il suo parere, desiderano ritrarla. Posa per Man Ray, de Chirico le chiede di diventare la sua agente. Picasso, sperando di portarsela a letto, si offre di regalarle alcuni quadri; lei, scaltra come poche, sapendo di non essere disposta a dargli nulla di più della sua amicizia, si orienta sulla tela più piccola. L'unico a non amarla a quanto pare è Breton, che si sente insidiato nella sua posizione di leader.

All'inizio degli anni Venti Gala e il marito hanno già aperto il matrimonio: in ossequio al proposito surrealista di esprimere "il funzionamento reale del pensiero, al di fuori di ogni preoccupazione estetica o morale", gli Éluard si incoraggiano a vicenda a intraprendere altre relazioni finché, durante una vacanza, incontrano Max Ernst. Sposato, con un figlio, Ernst per lei lascia ogni cosa e segue la coppia a Parigi. Il *ménage à trois* sulle prime incendia l'immaginazione di tutti: Gala pare appagata, Éluard scrive, Ernst dipinge porte e muri di casa con foreste e ritratti di lei nuda. Quando però i rapporti tra moglie e marito si sfilacciano – per noia, per irrequietezza, o forse perché per i matrimoni affollati ancora oggi bisogna essere tagliati – a uscirne male è Éluard, che ha un crollo nervoso e parte per l'Asia. Dopo mesi di silenzio ricompare a Saigon, dove la moglie e l'amante lo raggiungono. Al ritorno la coppia pare ricomposta (gli Éluard tornano insieme in Francia, lasciando Ernst a vagabondare in Vietnam), ma la crisi ormai è innescata. Il poeta e il pittore firmano un armistizio storico pubblicando nel 1925 un libro a quattro mani, *Au défaut du silence*: venti schizzi di Ernst raffiguranti Gala accompagnati da diciotto poesie di Éluard, reputate dalla critica i più bei versi scritti dai tempi di Baudelaire – come sempre tutti dedicati a Gala, unica e suprema fonte di ispirazione. Per la coppia sembra la quiete dopo la tempesta e di certo per la musa uno zenit, ma si tratta solo una tregua.

Nel 1929 tutto precipita. Gala ha trentaquattro anni e si reca in Costa Brava con il marito, la figlia e il gallerista Camille Goemans. Lì per la prima volta incontra un ragazzino spagnolo con due sottili baffetti alla Velázquez e quintali di brillantina, gli occhi stralunati e la fastidiosa abitudine di irrompere nella conversazione con lunghe risate nervose. Si presenta a torso nudo, sopra i calzoni indossa solo un filo di perle, anticipando oltre a tutta l'arte moderna anche l'estetica di Damiano dei Måneskin. È semisconosciuto, dipinge e si crede un fenomeno, ma, a parte una mostra a Barcellona, pare aver semplicemente illustrato il libro di un amico in catalano e collaborato con Luis Buñuel alla sceneggiatura di uno strano film, *Un chien andalou*. L'antipatia tra i due è immediata, come l'attrazione. A fine vacanza Éluard riparte con la figlia per Parigi; Gala invece rimane a Cadaqués insieme a Salvador Dalí. E ricomincia da zero.

Subito, il più grande poeta di Francia decide che è un'infatuazione, le passerà e tornerà da lui, o almeno lo spera. Solo che questa volta a Gala non passa, perché oltre all'amore ha già concepito un nuovo progetto: quello di rendere visibile a tutti ciò che per lei è evidente, cioè che Dalí non è un giovanotto lunatico che rischia da un momento all'altro di smarrirsi nelle proprie paure, ma un genio, un visionario, un punto-e-a-capo nella storia dell'arte.

Con Éluard ormai ha finito il lavoro, si annoia. Anche essere venerate stufa, se intorno regna la calma borghese che il poeta oggi le offre. Quindi la nostra musa lascia tutto ciò che conosce – il marito, la figlia, tavoli prenotati nei locali più chic, le follie mondane ormai consolidate di Parigi, e naturalmente la condizione privilegiata di "moglie di" – per trasferirsi in una specie di capanna sulla spiaggia senza luce, riscaldamento né acqua corrente. Mancano persino i fornelli, i due non hanno un soldo. Perché il padre di lui, l'arciconservatore e ricco notaio Salvador Rafael Aniceto Dalí i Cusi, si rifiuta di accettare la relazione del figlio.

Per Gala è un *déjà-vu*: a loro tempo anche gli Éluard l'avevano considerata inadatta al giovane Paul, troppo sofisticata, troppo ambiziosa, una specie di principessa delle steppe piombata con i suoi tomi di Dostoevskij nell'appartamentino del contabile e signora.

Dalí-padre non ha nulla da ridire sulla cultura di Gala, la ritiene però troppo vecchia e, soprattutto, troppo sposata. Ma Salvador non molla, così viene prima cacciato dalla villa di Cadaqués, poi diseredato.

A questo punto le nostre due muse, a vent'anni di distanza, sono nella stessa situazione: hanno lasciato tutto per se stesse, per rincorrere la propria idea di futuro e soprattutto hanno deciso di non rinunciare al desiderio.

Mentre Gala, a dispetto dei numerosi amanti, da quel momento in avanti si dà veramente a un solo uomo, Alma invece dopo la morte di Mahler cambia spesso compagno: ha brevi flirt con il compositore Franz Schreker, con Joseph Fraenkel (uno dei medici del marito), con il biologo Paul Kammerer, che minaccerà di suicidarsi per amore. Poi incontra il venticinquenne pittore Oskar Kokoschka, che per lei perde la testa: dipinge solo lei, le scrive lettere morbose, cerca in ogni modo di condurla all'altare. "Con lui una lotta amorosa selvaggia e violenta" scriverà Alma nella sua biografia. "Prima di lui non avevo mai gustato tanti spasimi, tanto inferno, tanto paradiso."

Nel 1914, dopo due anni d'amore, Kokoschka realizza una delle sue opere più celebri, *La sposa del vento*, che lo ritrae a letto insieme ad Alma, lei quasi assopita sulla spalla di lui, vigile e pronto alla lotta. È una metafora perfetta della loro storia: Alma in effetti ha già la testa altrove, dopo poco lo abbandonerà, troppo irruento, troppo maniacale, sfiancante, e comunque sente che è il momento di spostare altrove il suo talento di musa. Per la disperazione Kokoschka si arruola, ma gli orrori del fronte orientale non bastano a smorzare il ricordo di lei – o meglio l'ossessione. A conflitto finito l'artista commissiona a un'artigiana di Monaco una bambola con le fattezze di Alma, completamente snodabile e ricoperta di peluche, con cui avvia una sorta di rapporto esclusivo, portandola alle feste e a passeggio. A volte la fa scarrozzare in giro da sola, affinché si svaghi. Ma una bambola è un simulacro di pezza e non può certo sostituire una musa in carne e ossa.

Mentre il suo ex impazzisce, finendo per fare a pezzi la bambola per la rabbia, o forse per la gelosia, Alma sembra ritrovare la pace in un porto sicuro: il buon Walter Gropius. Mollato di punto in bianco, l'architetto non l'ha mai dimenticata ed è ben felice non solo di riprendersela indietro, ma di sposarla. I due convolano a nozze nel 1915, durante una licenza di lui; l'anno successivo nasce Manon, che morirà di poliomielite a soli diciotto anni, lasciandoli entrambi devastati.

E qui devo fare una pausa e tirare un bel respiro perché anche solo a ripercorrerle dall'esterno certe vite stancano più di una salita in montagna. A lasciarmi senza fiato, al di là delle scelte audaci e coraggiose, è anche l'ammirevole quantità di energia fisica e mentale messa in campo da queste "ragazze elettriche" per affrontare la densità delle loro vite; a paragone le nostre scaramucce amorose, per lo più declinate attraverso la messaggistica di un telefonino, sembrano una pallida imitazione dell'esistenza. Ecco perché trovo salutare e istruttivo immergersi in queste storie che, comunque la pensiate, procurano una scossa vigorosa più efficace di qualsiasi integratore.

Ma torniamo a Gropius. Se il primo incontro con il geniale architetto era stato per Alma una ventata di freschezza, questa volta la relazione parte fiacca: a causa della guerra Gropius non è presente e, quando c'è, è dispotico e bisognoso di attenzioni; Alma è esausta e pronta a ripartire, affidandosi ancora una volta alla sua proverbiale dote di talent scout.

Nel novembre del 1917 dà un ricevimento pomeridiano. Fra i presenti c'è Franz Werfel, di professione poeta, che il caso ha voluto rientrasse dal fronte prima del previsto. Werfel non è esattamente una bellezza (più avanti lei lo definirà "un ebreuccio grasso e dalle gambe storte, con le labbra spesse, gli occhi liquidi e le dita gialle di nicotina"), ma ha un cervello sopraffino e si innamora all'istante della signora Gropius: ormai è chiaro, Alma a tutto sa resistere fuorché a qualcuno che la idolatra. Con il secondo marito com'è prevedibile finisce male, e la perdita di un bambino nato prematuro – dalla paternità incerta – non fa che distruggere definitivamente il matrimonio.

Come cura Alma si autoprescrive il consumo di una bottiglia di Bénédictine al dì, e un nuovo talento da far brillare. Sceglie – a questo punto ufficialmente – quello dell'etereo Werfel, uomo tutto sentimento e zero concretezza: i critici gli avevano pronosticato un grande futuro come poeta, lei invece decide che solo con la prosa avrà successo e lui, ubbidiente, diventa narratore. Come sempre la musa coglie nel segno.

Un rapporto imprevedibile, il loro: nonostante le opposte opinioni politiche, i due si amano veramente e nel 1940 – per ironia della sorte, viste le sue spiccate tendenze antisemite – Alma è costretta a una fuga rocambolesca attraverso i Pirenei per mettere in salvo il marito ebreo dalla furia nazista. La coppia ripara negli Stati Uniti dove rimarrà unita, senza altre interferenze, fino alla morte di lui, nel 1945. Alma viene a mancare dieci anni dopo, senza perdere un grammo del suo smalto: prima a Beverly Hills, poi a New York, anima un salotto frequentato da Schönberg, Igor' Stravinskij, Otto Klemperer, Thomas Mann e molti altri. Si occupa di promuovere e valorizzare il lascito culturale del primo marito (o forse di demolirlo, dipende dai punti di vista), e scrive un'autobiografia molto discussa perché parecchio cinica, a tratti cattiva, di certo autoassolutoria. Le vestali di Mahler la odieranno a vita soprannominandola "il problema Alma"; Gropius le fa addirittura causa, ma lei, serafica, non teme le critiche.

"Dio mi ha concesso il privilegio di conoscere le opere geniali del nostro tempo prima che lasciassero le mani dei loro creatori. E se mi è stato permesso di assistere questi cavalieri per un po', allora la mia esistenza è giustificata e benedetta!" afferma di sé la più grande professionista del musismo, che non riconosceva altro talento a parte il proprio.

Per Gala non è così, non del tutto, almeno. Dalí ai suoi occhi non incarna solo il genio ma anche l'irrazionale, tutto ciò di cui lei sente la mancanza nell'establishment parigino, e decide di dedicarsi anima, corpo e capacità manageriali al nuovo amante.

Credo che scoraggerebbe chiunque, passare in pochi giorni da un appartamento sulla Rive Droite e un solido conto corrente a una stamberga da pescatori, senza nemmeno dieci pesetas per comprare le cozze. Ma non Gala, che prende il controllo della situazione e si fa carico di tutto: di trovare da mangiare, di tenere alto il morale dell'artista, di posare per lui, di vestirlo, di tranquillizzarlo e confortarlo. Ma anche di sferzarlo con le sue critiche quando è il caso. Il suo lavoro di musa è più efficace di quello di un agente: non passa neanche un anno che il nome di Dalí è sulla bocca di tutti. Grazie ai contatti acquisiti a Parigi, Gala trova chi si offre di sovvenzionare le spese della loro baracca a Port Lligat e, soprattutto, inventa un sistema molto ingegnoso per rendere attrattiva l'arte del suo protetto agli occhi di potenziali finanziatori e mecenati, che riesce addirittura a riunire in un gruppo, i "Mécénat du Zodiaque". Ma il vero capolavoro è trasformare Dalí in un mito vivente: ora non c'è galleria europea o americana che non brami una sua opera, regista che non desideri collaborare con lui, star di Hollywood che non piatisca un suo ritratto.

Salvador, in cambio, la prende e la sposta dallo scaffale delle muse al centro della scena. Tutte le sue opere sono dedicate a lei, tutte le donne che dipinge hanno il suo volto. Dichiara di amarla "più di mia madre, più di mio padre, più di Picasso e persino più del denaro". È amore, certo, è ispirazione, ma anche sano disincanto.

Lui sa bene di essere un genio, ma pure un narcisista insicuro ed egomaniaco. È fermamente convinto – e ha ragione – che le sue doti senza di lei andrebbero sprecate, si disperderebbero in mille stimoli e allucinazioni. Riconosce il ruolo di lei al punto da firmare i dipinti con entrambi i nomi, "Gala Salvador Dalí". "'È con il tuo sangue che dipingo, Gala' le dissi un giorno" scrive nella sua autobiografia. "E da allora ho sempre firmato i miei quadri con il suo nome, ancor prima che col mio."

A metà degli anni Trenta, quando i due si sposano, Gala può ritenersi soddisfatta. La casa di Port Lligat è stata ristrutturata, ingloba una mezza dozzina delle vecchie baracche: dietro la facciata bianca si nasconde un labirinto di stanze tappezzate di opere d'arte, orsi e cigni impagliati, dalla piscina si gode la vista della torretta sormontata da un uovo gigante e non mancano letti a baldacchino, degni di quella che assomiglia ormai a una sorta di casata reale surrealista. L'influenza di Gala e Dalí non rimane confinata alla Spagna: la coppia viaggia spesso, possiede un pied-à-terre a Parigi e soggiorna a lungo negli Stati Uniti, tra la California e New York. Gala decide che devono diversificare, introduce Dalí a Christian Dior e a Elsa Schiaparelli. Nascono abiti e accessori capolavoro che hanno fatto la storia della moda: è il caso del Shoe Hat, il cappello a forma di scarpa disegnato da lui e indossato da Gala, o dell'abito aragosta, realizzato con Schiaparelli per il corredo nuziale di un'altra donna fuori dalle righe, Wallis Simpson, che contribuisce a lanciare la *maison* nel pantheon delle firme che tutti vogliono e pochissimi possono permettersi.

Ormai i "Galí" – come li chiameremmo oggi – sono un potente brand commerciale e l'artista continua a disegnare di tutto: abiti, profumi, costumi per spettacoli teatrali. Per questo i surrealisti lo disprezzano pubblicamente, ergendosi a difensori della purezza di spirito dei "veri artisti", ma a lui poco importa, guarda altrove e afferma convinto: «Il surrealismo sono io!».

Negli anni Trenta finisce per avverarsi la profezia che Salvador aveva messo per iscritto in una spietata lettera indirizzata al povero Éluard in risposta alle mille missive che il poeta, seppur risposato, ha continuato segretamente a scrivere a Gala per tutta la vita.

"Ho intercettato, tra le numerose carte segrete di cui Gala si circonda, questi fogli a tratti invadenti e imbarazzanti seppur sinceri" gli scrive Dalí. "[...] ti giustifico e ti perdono caro Paul. Gala, infatti, ora vive in ragione di me, della mia bizzarria, del mio estro ineguagliabile, del successo cui sono predestinato. Dalí sarà il nome che per secoli i pittori e gli appassionati d'arte pronunceranno ogni qualvolta penseranno a chi ha davvero cambiato le sorti dell'estetica del nostro secolo..." E così sarà. Questa lettera straordinaria, più che la risposta appassionata di un uomo geloso, si trasforma nella lucida visione di un piano che la coppia metterà in pratica in ogni dettaglio. "Noi, Gala e io, saremo gli ospiti d'eccezione di ogni festa [...] Ci pagheranno un sacco di dollari per averci tra loro e, ma già lo sai, Gala è molto avida di ricchezza e di potere. Godrà a farsi riconoscere per strada come la musa ispiratrice del più grande pittore del '900, Salvador Dalí. Insieme ci faremo fotografare e firmeremo autografi. Diventeremo più celebri di Picasso, l'unico che forse può ancora starmi dietro quanto a fama." Cosa avrebbe potuto prometterle Éluard al confronto? Secondo Dalí solo una noiosa vita piccolo-borghese all'ombra dei circoli surrealisti, mentre con lui la musa conquista gloria ed eternità, finalmente protagonista al pari del genio che ha contribuito a lanciare.

"Staremo sempre insieme pur non condividendo sempre lo stesso letto, inseguiremo noi stessi attraverso altri sguardi, altri corpi. [...] Il nostro è un progetto, il vostro è stato un amore come tanti e Salvador Dalí sarà per sempre l'unico uomo che sarà riuscito a renderla felice. E soprattutto donna."

Crudele, ma vero. In gran parte, almeno, perché questa lettera non esplicita una cosa, cioè che persino in una relazione tentacolare e complessa come quella con Dalí a Gala mancava qualcosa: il sesso.

Dalí è una sorta di mistico ossessionato dall'arte che lei

è riuscita a portarsi a letto una volta soltanto. Per lui è stata la prima e anche l'unica: "Ho provato il sesso una volta con una sola donna, ed era Gala. Lo ritengo sopravvalutato". Una confessione sarcastica che sembra uscita dalla bocca del protagonista di un film di Paolo Sorrentino.

Lei rispetta la sua opinione, ma non ne condivide l'ascetismo: per tutta la vita ha amanti più o meno giovani, con cui salpa per brevi flirts balneari lasciando un consenziente (e forse sollevato) Dalí nella loro casa di Port Lligat. Fino al colpo da maestra degli ultimi anni, quando intreccia una torrida *liaison* con l'epitome dei *toy-boy*: il biondo, aitante e dannato Jeff Fenholt, il Jesus di *Jesus Christ Superstar*, ben cinquantaquattro anni meno di lei. Si potrebbe pensare che Gala fosse una bellezza disarmante, ma non è così: profilo deciso, viso severo, a un primo sguardo la si potrebbe scambiare per una governante spedita alla festa in rappresentanza della padrona di casa. Ma, si sa, l'aspetto fisico è transitorio, passa, mentre il fascino è eterno – almeno quello di Gala.

Dalí, dal canto suo, a un certo punto diventerà così richiedente, così bisognoso di attenzioni e di ascolto e di cura, che Gala ricorrerà al caro vecchio espediente del triangolo e coinvolgerà nel loro rapporto una donna dalla rara intelligenza, la giovanissima Amanda Lear. Per dirla con Amanda, il loro è stato "amore allo stato puro", perché non ha avuto bisogno di nulla, né di sesso né di fedeltà.

Quella tra Gala e Dalí è dunque una forma di devozione reciproca estrema, in cui nessuno nella coppia si sente mai completamente appagato e, quindi, continua a cercare l'altro. È per questo, io credo, che sono riusciti a reggere all'urto della pelle che cede, del tempo che passa, delle mode che cambiano, della malattia. Rimanere uniti nella vecchiaia è un abile gioco di prestigio che riesce a pochissime coppie, specialmente se ricche e famose, ma i "Galí" sono stati dei maestri anche in questo.

Nel 1982, fatale o quasi è un classico dell'età avanzata: Gala cade e si rompe il femore. Dopo l'intervento non è più la stessa, muore dopo poco, a ottantotto anni, nella casa di Port Lligat. Dalí, provato dai sintomi del Parkinson, come nel macabro finale di una fiaba si chiude nella torre di un castello, smette di mangiare, di dipingere e non permette a nessuno di pronunciare il nome di lei.

Il castello è la dimora di Púbol, costruita sulle rovine di un maniero del XII secolo, che lui le ha regalato per offrirle "una cornice solenne più degna del nostro amore". Lì Gala ha regnato sovrana e incontrastata, tant'è che Dalí poteva farle visita solo su invito scritto a mano da lei. Lui si è limitato "al piacere di decorare i suoi soffitti, in modo che quando avrebbe alzato gli occhi mi avrebbe sempre trovato nel suo cielo". Ecco perché l'ha sepolta lì – in questa versione surrealista della stanza tutta per sé di cui ogni artista ha bisogno per creare. Perché potesse continuare a contemplarlo e, attraverso quell'atto, a crearlo ancora e per sempre. Non era forse Dalí ad affermare che "il vero artista non è colui che viene ispirato, ma colui che ispira gli altri"?

RAGAZZE INTERROTTE

Tre muse senza lieto fine

E poi ci sono le muse tragiche, protagoniste eccellenti del musismo più doloroso. Per intenderci sono le donne (ma è successo anche agli uomini) che "ci sono rimaste sotto", come direbbero le nuove generazioni senza tanti giri di parole. Impossibile non inserirle in questo insolito album perché la loro parabola segue l'algoritmo di un destino che fino a pochi decenni fa sembrava obbligato per chi si assumeva l'arduo compito di prendersi cura dell'ispirazione di un artista. Essere la scintilla vivente della creatività di un'altra persona è un'attività che può sembrare gratificante, ma se non si possiedono la caparbietà di Gala, la determinazione di Alma Mahler o il conto in banca di Peggy Guggenheim si rischia di precipitare in un abisso da cui è difficile risorgere. Questo capitolo difatti potrebbe essere affollato di molti più nomi, ma poiché le storie senza resurrezione si assomigliano tutte (proprio come quelle delle famiglie felici), per iniziare vorrei dare vita a una figura che molti hanno creduto solo il frutto della fantasia di un grande autore ma che, in realtà, era una donna in carne e ossa, cui è capitata in sorte un'avventura unica.

Léona Delcourt nasce nel 1902 a Saint-André-lez-Lille da una famiglia di piccoli artigiani e a diciassette anni rimane incinta di un ufficiale inglese di stanza a Lille. Ribellandosi alle convenzioni si rifiuta di sposarlo e preferisce lo stato disonorevole di ragazza-madre. Davanti a tanta testardaggine i genitori la convincono ad allontanarsi dai pettegolezzi della piccola cittadina e la spediscono a Parigi sotto la protezione di un vecchio industriale, separandola definitivamente dalla figlia, che rimane a Saint-André.

Non è dato conoscere che genere di protezione l'industriale le offrisse, e poco sappiamo delle inevitabili traversie che Léona ha dovuto affrontare per sopravvivere nella capitale francese, se non che ha provato tutti i mestieri possibili, gli unici concessi agli inizi del Novecento a una ragazza povera, senza istruzione e abbandonata a se stessa. I pochi cenni biografici che possediamo raccontano che ha lavorato come fioraia, ballerina, ambulante, scendendo sempre più giù nella scala sociale della miseria: un percorso quasi obbligato per quelle ragazze "disobbedienti" che, non possedendo i mezzi per cambiare il proprio destino, sono state costrette a vivere ai margini della società. La storia di Léona non sfigurerebbe tra le numerose narrazioni sventurate presenti nei romanzi di Émile Zola o Victor Hugo, se non fosse per uno strano incontro avvenuto il 4 ottobre 1926, che la proietta in tutt'altra dimensione.

Come abbiamo visto seguendo la vita di Gala, è un momento speciale per chi vive a Parigi e ha la fortuna di appartenere all'universo bohémien della capitale. In quell'anno muore il pittore impressionista Claude Monet, con lui finisce un'epoca, mentre la modernità è appena entrata con irruenza nel nuovo secolo, sbandierata dal Manifesto dei Surrealisti firmato da André Breton. "L'immaginazione è forse sul punto di riconquistare i propri diritti..." scrive convinto l'autore, auspicando finalmente la vittoria della fantasia e dell'istinto su ogni logica e buon senso, virtù considerate bestie nere dagli esponenti dal movimento perché non possono che tarpare le ali alla creatività. Grazie alle scoperte di Sigmund Freud viene ribadita la supremazia dell'inconscio, unica vera fonte di illuminazione per gli artisti. E chi può scatenare questa nuova pulsione culturale meglio dell'essere femminile, in virtù di una "natura" considerata da sempre vicina all'irrazionalità emotiva? Un'antica equazione di genere di cui non ci siamo ancora liberate.

C'è una fotografia di Man Ray del 1924, appena due anni prima dell'incontro di André Breton con Léona Delcourt, che sintetizza più di tante parole il ruolo della donna nel movimento surrealista. Si intitola *Séance de rêve éveillé* e mostra un gruppo di artisti, fra cui Giorgio de Chirico, Robert Desnos e Paul Éluard, insieme naturalmente ad André Breton, considerato "il Papa" dai suoi seguaci. Il fulcro dell'attenzione generale è l'unica donna seduta al centro davanti a una macchina da scrivere: tutti la guardano ispirati con gli occhi semichiusi, quasi in trance. Aspettano fiduciosi che lei trascriva le intuizioni del loro inconscio collettivo, stimolato da questa seduta di gruppo di "sogno da svegli": un metodo preso in prestito dalla psicoanalisi che prevedeva una preparazione di svariati giorni d'insonnia e digiuno, ritenuti necessari per ottenere lo stato di oblio richiesto da questa nuova forma di indagine. La donna in questione è Simone Kahn, prima moglie di Breton, che lo scrittore definisce "un'enciclopedia vivente, l'unica in tutto il gruppo ad aver letto *Il capitale* di Marx per intero!", merito che non le servirà a molto per svolgere questo compito di musa-dattilografa al servizio dei pensieri geniali dei suoi compagni d'avventura. Anche le donne più intellettuali ed emancipate, a parte qualche rara eccezione come Gala, hanno fatto fatica ad affrancarsi dal ruolo di ancelle del Surrealismo, che predicava sì una rivoluzione totale ma non necessariamente la parità d'immaginazione tra uomo e donna.

Lungi da me ogni revisione post-femminista dell'opera di Breton, tantomeno sono interessata ad accusare gli esponenti del movimento definendoli come degli imperituri maschilisti, lo sono e basta. Almeno da questo punto di vista non erano di certo avanti rispetto alla loro epoca.

Sarebbe troppo facile rileggere *Nadja*, nato dall'incontro di Léona Delcourt con André Breton, solo in chiave predatore-vittima. Il romanzo rimarrà tra gli esperimenti letterari più interessanti degli inizi del Novecento ma la storia che si nasconde dietro le righe può aiutarci a esplorare il rapporto dello scrittore con la sua musa, una *liaison dangereuse* che nell'arco di pochi giorni trasforma una donna sconosciuta da oggetto di desiderio a oggetto di uno studio psichiatrico, ma anche in un'imperdibile sorgente di ispirazione. L'esploratore surrealista vuole spingersi negli oscuri territori della psiche umana; insegue come un rabdomante le strade più impervie allo scopo di valicare i confini conosciuti per arrivare nei luoghi che la società borghese considera tabù, e la follia è certamente uno di questi.

È quindi con un vulcano di idee in perenne eruzione nella testa che Breton incontra casualmente in una via di Parigi Léona e ne fa la sua musa.

64

La donna si presenta allo scrittore con il nome di Nadja, che in russo è l'inizio della parola speranza. (Ma non sempre i significati simbolici mantengono le promesse.) È una creatura esile e bellissima, come può essere bella una ragazza già devastata dalla vita. "Giovane, vestita molto poveramente... Così fragile che, camminando pare appena poggiare sul terreno. Curiosamente truccata, come qualcuno che, avendo cominciato dagli occhi, non ha avuto il tempo di finire, ma col bordo degli occhi nerissimi per una bionda." Breton ne è subito affascinato e in particolare è attratto dall'apparente libertà di Léona, che non ha vincoli né pregiudizi; in lei André vede la personificazione del "genio libero", un'entità sovrannaturale che i surrealisti definiscono uno "spirito dell'aria", impossibile da sottomettere. In realtà Léona, a causa di una vita di stenti e solitudine, ha già cominciato la sua personale discesa agli inferi, che la porterà presto a perdere ogni contatto con la realtà.

I loro incontri, solo in apparenza casuali, avvengono nei circuiti abituali che Breton, da vero *flaneur* parigino, percorre quotidianamente da solo o insieme ai suoi amici, ed è proprio in questo girovagare senza meta alla ricerca di segni e sensazioni che lo scrittore riconosce in Nadja un'anima gemella: anche lei ama perdersi nei meandri della città, a volte forse più per necessità che per vocazione, visto che i suoi alloggi sono miseri e precari e la strada, con i suoi bistrot, è il rifugio prediletto per i vagabondi di Parigi.

In una manciata di giorni Breton si rende conto che Nadja è alla sua mercé: "So che le è accaduto nel pieno senso della parola di prendermi per un dio, di credere che fossi il sole". Capisce che la situazione della giovane è disperata, vorrebbe aiutarla ma si sente impotente e non può corrispondere il suo amore; dovrebbe allontanarsi ma non vuole rinunciare a questo rapporto e al mistero racchiuso nella mente della sua musa. "Che fare intanto se non la vedo? E se non la vedessi più? Non saprei più." Breton confessa di essere affascinato ma anche spaventato, a volte è addirittura disgustato da alcuni dettagli sordidi della vita sciagurata di Léona ma torna a cercarla ogni giorno, ipnotizzato da questo incontro. È lei, secondo Breton, a chiedergli di scrivere un romanzo sulla loro storia insolita, e a ogni appuntamento lo scrittore cerca di scavare di più nell'inconscio della ragazza, per specchiarsi e scoprire qualcosa di sé che non riesce mai a catturare fino in fondo. "Chi sono io? [...] È vero che l'al di là, tutto l'al di là è in questa vita? Chi vive? Sono io solo? Sono io?" Domande esistenziali che lo tormentano ma a cui difficilmente la sua musa potrà rispondere.

I discorsi di Nadja sono spesso sconnessi, frutto di visioni allucinate; racconta di persone inesistenti, fantasmi che solo lei vede; riferisce i suoi dialoghi impossibili con il busto marmoreo del drammaturgo Henry Becque a place Prosper-Goubaux, come se ci parlasse realmente. Sono gli indizi evidenti di uno stato mentale alterato, Breton ne è consapevole ma non riesce a rinunciarvi. Nadja, che nel libro viene definita "l'anima errante", rappresenta per lui l'incarnazione della ricerca surrealista, la chimera che insieme ai suoi amici insegue da tempo ma che solo attraverso la musa-medium incontrata per caso sta riuscendo a penetrare. È un gioco rischioso perché – come scrive – Nadja sta perdendo quell'istinto alla conservazione che induce le persone a "comportarsi bene" e a frenarsi quando sono sull'orlo dell'abisso.

Un giorno "sono venuti a dirmi che Nadja è pazza. In seguito a certe stravaganze cui si era abbandonata, pare, nei corridoi del suo albergo, aveva dovuto essere internata nel manicomio di Vaucluse".

Breton non osa neanche informarsi su quello che può esserle capitato e a tratti si pente di averla incoraggiata a seguire la strada dell'estrema libertà, quella che lui non osa percorrere sino in fondo. Avrebbe potuto trattenerla, costringerla a curarsi, ma è rimasto a guardare incantato quella donna dagli "occhi di felce" così fuori dal comune da far paura; è uno scrittore e non può che rubare le vite degli altri, per quanto siano disgraziate. "La bellezza sarà convulsa o non sarà": con questa celebre frase si conclude il libro, un'affermazione poetica rimasta alla storia che ha però anche un sapore sinistro.

Inutile incolpare André Breton, come qualcuno ha fatto, di aver voluto sfruttare la fragilità di un essere umano per i suoi scopi artistici; nessuno può sapere se l'aver assecondato l'indole visionaria della ragazza sia stata una delle cause che l'ha fatta precipitare oltre quel limite condannandola al manicomio e poi alla morte. Breton si rimprovera e al tempo stesso si assolve, imputando alle miopi regole sociali il tragico destino di Léona.

Nadja infatti non è solo un memoir surrealista, ma anche un atto di accusa contro i metodi coercitivi inflitti ai malati di mente e una sferzante denuncia contro la deportazione coatta nei manicomi di tante persone che non costituiscono nessun pericolo per la società. In particolare le donne, che per legge potevano essere internate per volere del marito o dei parenti praticamente per qualsiasi motivo, e non avevano alcun diritto a difendersi.

Così è successo a un'altra cosiddetta musa, la cui storia è diventata tristemente famosa solo di recente, grazie a un film biografico con Isabelle Adjani e Gérard Depardieu che ha fatto breccia nel cuore degli spettatori. Prima, a parte qualche studioso che aveva scavato nella vita del fratello, l'acclamato e rispettato scrittore cattolico Paul Claudel, lei pareva non aver lasciato traccia. Pochi conoscevano il suo straordinario lavoro e tantomeno sapevano della reclusione forzata durata trent'anni che l'ha portata alla morte nel 1943 quando, ormai a settantotto anni, denutrita e abbandonata da tutti, si è spenta nel più totale anonimato. Nessuno è andato al suo funerale, il corpo è stato gettato in una fossa comune. A firmare la sua condanna al manicomio a vita sono stati la madre e il fratello che, per difendere la reputazione e il buon nome della famiglia, hanno scelto di seppellire viva una grande artista, cancellando per sempre il suo talento.

Camille Claudel possiede sin da bambina quel che si chiama un "dono" e l'urgenza irresistibile di metterlo in pratica. Ha solo sei anni quando – nello stupore generale della famiglia – manifesta una vera passione per la scultura, un'arte considerata "sgraziata" e vivamente sconsigliata alle donne. Solo il padre, che per lei nutre un grande affetto, incoraggia quello che è considerato da tutti un capriccio insensato e le consente di frequentare alcune scuole private, le uniche che all'epoca accettano le ragazze. Così nel tempo la giovane riesce a raffinare le sue incredibili qualità naturali e a farsi notare dai grandi artisti, primo fra tutti il maestro per antonomasia, Auguste Rodin, che la vuole nel suo atelier.

"Le ho mostrato l'oro, ma l'oro che trova è tutto suo."

Lo scultore intuisce il genio dell'allieva e s'innamora della donna. Camille ha un carattere impetuoso, la sua volontà sembra granitica come la pietra che scolpisce con foga ma le difficoltà che deve superare per emergere in un mondo ottocentesco dominato dagli uomini sbriciolano lentamente la sua volontà. "C'è sempre qualcosa di assente che mi perseguita" scrive a Rodin in una delle numerose lettere appassionate che i due si scambiano durante la storia d'amore e di collaborazione artistica che li unisce per più di dieci anni. È una relazione clandestina e sofferta che vive sprazzi di felicità nel castello di L'Islette, nella Valle della Loira, dove Camille e Auguste si rifugiano appena possono per amarsi e lavorare in libertà. Lui ha quarantaquattro anni ed è legato da tempo a un'altra donna, lei ne ha appena venti e proviene da una famiglia tradizionale che disapprova ogni comportamento di questa ragazza ribelle. Ma Camille non ha nessuna intenzione di adattarsi alle regole del rango cui appartiene, va dritta per la sua strada con una furia e un carattere fuori dal comune, che riversa in lavori sempre più sorprendenti.

"Ha una natura profondamente personale, che attira per la grazia ma respinge per il temperamento selvaggio." Così la descrive la stampa ai primi del Novecento, e Rodin non può che essere stregato dal fascino e dalle capacità dell'allieva, l'unica a cui permette di aiutarlo a completare le sue sculture nelle parti più delicate, come le mani e i piedi.

Le definizioni di musa e di modella ispiratrice sono riduttive e quasi offensive per Camille Claudel, eppure fino a poco tempo fa molti critici hanno continuato a giudicare le sue opere alla stregua di imitazioni di quelle del celebre maestro, anche se lei aveva acquisito il suo stile inconfondibile molto prima di conoscerlo.

Nonostante la profonda stima e le promesse di matrimonio, Rodin alla fine deciderà di sposare "l'altra", la donna che non ha mai lasciato e che gli garantisce un'unione più stabile e rassicurante. Qualcosa in Camille cede, non riesce a superare quello che considera a ragione un tradimento e, allo stesso tempo, non intende accontentarsi di un'esistenza da amante all'ombra del maestro.

Consapevole del talento che possiede, pretende che la sua arte sia riconosciuta al pari di quella degli altri e, in un ambiente sempre più ostile, combatte una battaglia solitaria per affermare la sua indipendenza. A questo scopo affitta uno studio "tutto per sé", vuole lavorare in autonomia senza subire influenze e condizionamenti e, soprattutto, fa di tutto per liberarsi dall'ingombrante etichetta di "allieva di Rodin". Ma fare fronte alle spese è un'impresa titanica e l'isolamento cui si condanna non fa che acuire la sua fragilità. Qualcosa nella sua determinazione si spezza e Camille comincia ad assumere comportamenti irascibili e maniacali, che allontanano amici e clienti.

Eppure è proprio in questo periodo che termina *Le valse*, quella che per me è una delle sue opere più belle. Ne sono rimaste varie copie in bronzo, la mia preferita è una versione piccolina che si trova in una stanza a lei dedicata nel Musée Rodin di Parigi: ogni tanto torno a vederla e non smette mai di incantarmi. La scultura rappresenta la pura essenza del trasporto amoroso e raffigura una coppia allacciata in un sensuale passo di danza: i corpi nudi si abbandonano uno nelle braccia dell'altro in un erotismo quasi malinconico, che fa pensare più a un addio che a un futuro splendente.

Con le sue piccole mani l'artista è riuscita a cogliere l'attimo struggente di una tensione sentimentale al suo apice che è al tempo stesso l'anticamera della fine.

Camille spera di ricevere una commissione pubblica per questo lavoro a cui tiene tanto, sa di meritarla, ma il ministro delle Belle arti rifiuta *Le valse*, giudicando scandaloso che una donna crei un'opera con un uomo nudo come soggetto. Pur di ottenere il riconoscimento, che le avrebbe dato la possibilità di realizzare la scultura in marmo, materiale costoso, irraggiungibile per le sue possibilità, Camille prova ad accontentare il pudore degli accademici drappeggiando le figure, ma non c'è niente da fare e il suo giro di valzer rimane un sogno di gesso.

All'ennesimo rifiuto si sente sconfitta e, come la Nadja di Breton, comincia a perdere l'istinto di conservazione che potrebbe salvarla. Giorno dopo giorno smette di "comportarsi bene" e si lascia andare sempre di più, risucchiata da quell'assenza che non ha mai smesso di accompagnarla come un'ombra.

Si isola nel piccolo atelier sull'Île Saint-Louis insieme ai suoi gatti: ora, invece di creare nuove opere, preferisce distruggere il lavoro che non la soddisfa; non si lava, si veste come una barbona e non vuole più vedere nessuno. Neanche amici fidati come Claude Debussy riescono a sollevarla da una condizione di rabbia e prostrazione che la precipita in un delirio ossessivo; immagina nemici dappertutto e si convince che Rodin per gelosia voglia rovinarle la carriera, mentre lo scultore, ormai al massimo della gloria, si prodiga ancora per aiutarla segretamente.

Camille è volata troppo in alto per una ragazza del suo tempo, infrangendo regole e tabù allora insormontabili, sostenuta solo dalla fede nelle sue capacità ma la speranza di cambiare – se non la storia – almeno il suo destino va in pezzi come le sculture che prende a martellate nei suoi momenti di crisi.

Solo il padre cerca ancora di aiutarla, intuendo il suo estremo stato di difficoltà. Purtroppo alla sua morte, nel 1913, per Camille si apre un baratro irreversibile. Appena una settimana dopo il funerale, e nonostante le perplessità dei medici, la madre e il fratello firmano le carte per farla internare nel manicomio di Montdevergues a Montfavet, nel Sud della Francia. Corpulenti infermieri vanno a prenderla a casa in piena notte, come se fosse un'assassina, e la rinchiudono per sempre.

"Mi si rimprovera (crimine spaventoso) di aver vissuto da sola, di passare la mia vita con dei gatti, di avere manie di persecuzione! È a causa di queste accuse che sono incarcerata come un criminale, privata della libertà, privata del cibo, del fuoco e delle comodità più elementari." Questa è una delle tante missive disperate che l'artista scrive ai dottori, agli amici e alla famiglia, ma nessuna arriverà mai a destinazione. La madre ha ordinato alla direzione del manicomio di trattenere tutte le lettere nell'interesse della paziente e grazie a questa crudeltà noi oggi abbiamo accesso a una straziante documentazione rimasta sepolta per anni negli archivi dell'istituto psichiatrico.

Camille non lavorerà mai più, le sue piccole mani non carezzeranno più il marmo e, come molti altri degenti, morirà di stenti durante la Seconda guerra mondiale. Solo recentemente gli storici l'hanno chiamata "l'ecatombe dei pazzi": sono più di cinquantamila i malati di mente che nella Francia dell'occupazione nazista, con il beneplacito

72

del governo di Vichy, perdono la vita per varie malattie di cui la causa principale però è sempre la denutrizione, in osservanza a un'ideologia che elevava la superiorità della razza a obiettivo primario e considerava quindi i disabili, i vecchi e i malati di mente rinchiusi negli istituti "delle bocche inutili", rendendoli le prime vittime dei razionamenti di cibo.

Per lo stesso motivo, solo due anni prima anche Léona Dalcourt, la Nadja di Breton, finisce i suoi giorni nel manicomio di Bailleul, anche lei abbandonata dalla società e condannata al silenzio.

Camille e Nadja, due ragazze controtempo che appartengono a questo girone di muse "perdute" nonostante abbiano poco in comune. Nadja non è un'artista, i suoi disegni sono teneri e infantili, ma per Breton simbolici quanto i bozzetti di Max Ernst, tanto che li includerà nel suo memoir come una vibrante testimonianza surrealista. Camille invece ha l'oro nelle mani eppure, come abbiamo visto, non è sufficiente possedere un grande talento per salvarsi dai propri demoni o dalla stretta fatale dell'"amour fou": una passione travolgente mitizzata da tanti scrittori che rapisce al pari di uno stato febbrile, fulminando le sue vittime come una folgorazione divina.

Questa attrazione più simile a una malattia che a un sentimento ha animato molte delle relazioni rimaste famose in quegli anni. Una fra tutte, quella tra Dora Maar e Pablo Picasso. I ritratti che il maestro catalano ha dedicato alla sua musa sono tra i più amati dal pubblico che affolla il Musée Picasso a Parigi, anche se ammirarli non è così facile visto che sono spesso in tournée perché i più richiesti dalle esposizioni di tutto il mondo. I visitatori delusi devono accontentarsi di quaderni, manifesti e shopper che moltiplicano all'infinito il volto dolente della *femme qui pleure*, la donna che piange o, meglio ancora, *La Llorona*, come canta Chavela Vargas nell'omonima canzone strappacuore, un brano che potrebbe essere la colonna sonora ideale di questa storia.

Quando incontra Pablo, Dora è già un'affermata fotografa di moda, un'attivista politica, una rispettata esponente del circolo dei surrealisti e una donna affascinante e piena di personalità. Collabora con Man Ray, Henry Cartier-Bresson e Brassaï; le sue fotografie artistiche rappresentano ancora oggi dei piccoli capolavori dell'avanguardia. Negli anni Trenta del Novecento è membro attivo del gruppo antifascista Contre-Attaque, e porta l'obiettivo della sua Rolleiflex nelle strade più povere di Parigi, immortalando la sofferenza delle vittime della crisi economica attraverso scatti impietosi ma ricchi di umanità. I suoi servizi di moda sulle pagine delle più prestigiose riviste femminili sono ricercati e originali, e rispecchiano le doti artistiche che ha affinato frequentando il circolo dei surrealisti. Come se non bastasse, le sue opere sono sempre presenti a Londra e New York e a Tenerife, nelle mostre più importanti degli esponenti del movimento.

Eppure Dora Maar, più che per le sue imprese artistiche, è ricordata come la "musa del Minotauro", la donna prescelta e soggiogata dal genio di Picasso. L'attrazione tra lei e Pablo è istantanea e fatale e darà vita a un amore furibondo e tormentato divenuto leggendario.

Si narra che il fatidico incontro sia avvenuto nel famoso *café* parigino Les Deux Magots, tempio degli artisti della

Rive Gauche, ancora oggi meta di pellegrinaggio dei nostalgici dell'avant-garde. Dora è elegante e tenebrosa, l'incarnato pallido, gli occhi ombrati dal trucco, lo sguardo penetrante, o almeno così la immagino osservando la foto che le ha scattato in quel periodo l'amico Man Ray, in cui risaltano le lunghe dita con le unghie smaltate che incorniciano il viso come una corona. Nonostante il fascino misterioso da *femme fatale*, dal suo volto trapela una sottile malinconia, inquietante come un presagio. Così la vede Picasso per la prima volta, ma non è solo la bellezza a colpirlo. Dora è seduta da sola al tavolo del bistrot e si sta intrattenendo con un gioco pericoloso: una mano guantata di bianco è poggiata sul tavolo e con l'altra, armata di un piccolo coltello, sferra colpi veloci tra le dita non fermandosi mai, neanche quando si ferisce per errore. Sembra una performance surrealista, o meglio una premonizione masochista di quello che sarà il rapporto con l'uomo che, fulminato da questa visione, le chiede in regalo i guanti insanguinati. Li conserverà per lei in una teca del suo studio e diventeranno il simbolo di una storia turbolenta e dolorosa che porterà Dora ad annientarsi totalmente.

È il 1936. Pablo ha cinquantaquattro anni, un matrimonio da poco alle spalle e una giovanissima amante, la diciassettenne Marie-Thérèse, da cui ha appena avuto una figlia, ma questo non gli impedisce di intrecciare una relazione anche con Dora. La bionda e la bruna, la ragazza modesta che lo venera come un padre e non ha nessun interesse per le sue opere e la conturbante intellettuale che brilla al centro della scena artistica parigina: una donna che Pablo non vede l'ora di conquistare, o – sarebbe meglio dire – sottomettere alla sua volontà. Il maestro non ha ancora divorziato dalla prima moglie, la ballerina Ol'ga Chochlova, da cui ha avuto il primogenito Paulo, non lo farà mai, forse per motivi economici, forse perché la sua indole è contraria a ogni rottura e nel suo immaginario patriarcale l'harem è l'opzione più desiderabile. Dora, ventiquattro anni, al culmine della sua affermazione professionale e nel pieno della sua creatività, entra in questo schema e ne rimane invischiata.

Ci sono donne che sono fatalmente attratte dai loro persecutori, e Dora è una di queste: sa che Picasso sarà per lei una rovina però non può fare a meno di consegnarsi anima e corpo al suo carnefice. Lo ammette con una lucidità sconcertante: "Pablo è uno strumento di morte. Non è un uomo, è una malattia, non un amante, ma un padrone".

Non c'è da meravigliarsi, individui molto meno affascinanti e geniali di Picasso – di professione manipolatori seriali – riescono ogni giorno a soggiogare donne emancipate e no, lavorando con precisione chirurgica sulle loro fragilità e debolezze. Sono quelli da cui scappare a gambe levate prima che sia troppo tardi, ma Dora – come tante – purtroppo rimane, accettando di subire mortificazioni e castighi che lentamente le fanno perdere ogni autostima e amor proprio. Picasso la convince ad abbandonare la fotografia, campo in cui lei eccelle, spingendola verso la pittura, dove non riesce a produrre niente di notevole; gode nel vederla soffrire; la vuole schiava e succube; la provoca con sadismo e scatena di continuo la sua gelosia; è crudele e arriva persino alla violenza fisica. Dora non può che piangere, così lui la ritrae in una celebre serie di quadri che la consegnano alla storia come la *femme qui pleure*: una figura con il volto contratto dalla sofferenza e devastato dalle lacrime. "Sono la donna che piange. Sono la donna verde dei quadri del genio. Sono

l'idea stessa del dolore, il mio, il suo, il dolore del mondo."
D'altronde scegliere di stare con Picasso significava accettare un carattere dittatoriale fatto di luci e ombre e, soprattutto, rassegnarsi all'idea di diventare proprietà esclusiva del
maestro e del suo umore volubile.

È il classico meccanismo alla base di molti amori malati,
quelli che a volte sfociano nel finale annunciato del femmi-
nicidio o del suicidio, e così sarà per la maggior parte delle
compagne di Picasso, mogli o concubine che siano. E infatti, scrive Maar con una punta di gelido sarcasmo: "Tutti
si aspettavano che mi suicidassi, dopo che lui mi aveva la-
sciata. Anche Picasso se l'aspettava, ma non l'ho fatto per
non dargli questa soddisfazione". Dora quindi sopravvivrà
al corpo a corpo con il Minotauro, ma in cambio perderà la
ragione: neanche gli elettroshock prescritti dallo psichia-
tra Jacques Lacan, che la prende in cura dopo la rottura con
Pablo, serviranno a farle riacquistare la fiducia in se stessa.
Si avvicinerà alla religione riconciliandosi con una nuova
vita sottotraccia, isolata dal mondo e dallo spirito del tempo
che era riuscita a interpretare con eccezionale talento.

Pochi anni fa ho visto una mostra incredibile proprio al
Musée Picasso. In una sala erano esposte tutte le fotografie
che Dora Maar ha scattato nel 1937 documentando passo
passo la creazione di *Guernica*: è una delle poche volte che la
musa riprende in mano la sua Rolleiflex durante la relazione
con Pablo.

Gli amici della coppia raccontano che sia stato proprio
l'appassionato impegno politico della fotografa a influenza-
re Picasso nella genesi di questo capolavoro che, nel tempo,
si è trasformato in un manifesto contro l'orrore di tutte le
guerre e in una potente denuncia contro ogni dittatura.

La figura centrale del quadro è una delle tante versioni della "donna che piange". Dora è dentro e fuori il dipinto, musa necessaria, come purtroppo è necessario il suo dolore per stimolare la creatività dell'artista.

Immaginandola mentre lavora con abilità e sapienza a questo storico reportage penso a quante cose avrebbe potuto ancora realizzare. Lo "spreco" di intelligenza e sensibilità di questa donna vulcanica mi rattrista. Ma subito mi fermo rispettando le sue mille personalità e preferisco non giudicare. Non c'è mai stata ingenuità nella sottomissione di Dora Maar, piuttosto la scelta consapevole di un percorso infernale che – è bene confessarlo – continua a tentare molte donne. Chi non è stata attratta almeno una volta nella vita da un rapporto maledetto scambiandolo per la quintessenza del romanticismo? Chi non ha camminato in bilico su una china pericolosa rischiando di perdere la propria integrità? Incarnare le sembianze di una musa tragica è un'opzione affascinante e letteraria, all'apparenza più suggestiva del ruolo di casalinga disperata.

Nei miei vent'anni a volte ho sognato di essere Nadja, un'anima errante per le strade di Parigi con il trucco sfatto e il passo elegante; oppure Dora, e posare immobile per il mio Minotauro con il volto rigato di lacrime e il cuore a pezzi; o ancora Camille, che non è riuscita ad amare il marmo da cui estraeva meraviglie, e ha invece adorato il suo maestro Rodin che non la voleva più, finendo anche lei in manicomio. Ma anche Zelda che, seppur in preda alla follia, non hai mai smesso di svolazzare, perfida e inconsapevole, in impalpabili nuvole di chiffon, restando nella storia come la musa cattiva che ha soffocato per sempre l'ispirazione di Francis Scott Fitzgerald. Avrei voluto essere tutte loro e perdermi in una favola tossica piuttosto che assomigliare a mia madre e seguire il suo modesto destino. Ma è stato un attimo e poi ho deciso che era meglio giocare alla musa tragica solo nei giorni di noia e di pioggia e abbandonare queste compagne di viaggio alla loro sorte.

TUTTO SU EVE

Sesso, musa e rock and roll

E se come musa prediletta capitasse in sorte un'intera città? Era già successo a James Joyce con Dublino, ma si tratta di un luogo piovoso e popolato da ombre. La metropoli in questione, invece, è punteggiata da palme e attraversata da lunghi viali assolati sui quali è elettrizzante sfrecciare alla guida di macchine decappottabili, proteggendo i capelli dal vento sotto leggeri foulard di seta. La resa letteraria non può che essere completamente diversa.

Si dice da sempre che Los Angeles non inviti all'introspezione, infatti la California, a parte poche eccezioni, non ha generato grandi scrittori. L'estate perenne e una vita leggera, sospesa tra party in piscina e spiagge dorate, non si addicono alla solitudine della scrittura. Eppure se Marilyn Monroe avesse pubblicato un romanzo sarebbe stata Eve Babitz e avrebbe dato del filo da torcere ad Arthur Miller. Sempre se qualcuno se ne fosse accorto, perché quando sei troppo bella e porti la terza di reggipetto non è facile farti rispettare come intellettuale. È anche per questo che una straordinaria autrice americana è rimasta quasi inosservata, passando alla storia come musa o, meglio, come groupie, sottospecie rock della donna angelicata: un giocattolo biondo, figlia ideale di quella terra che genera sogni in musica e in pellicola.

Si può scrivere un romanzo perfetto indossando un bikini e sorseggiando cocktail ad alto tasso alcolico? Eve Babitz lo ha fatto e di libri ne ha scritti parecchi, sempre respirando a pieni polmoni le *good vibrations* della sua musa californiana, divinità instabile che facilmente trascina nell'abisso dopo averti promesso il Paradiso in terra.

Tutto inizia con una fotografia e le foto – si sa – nascondono storie segrete che aspettano solo di essere svelate. Dentro, guardando bene, s'intravedono le vite degli altri, materia che scatena in me un'attrazione fatale e mi spinge a seguire tracce di narrazioni che, come radici sotterranee, si sovrappongono e s'intrecciano in strani percorsi, sottraendo al tempo vari gradi di separazione.

Stavo scrivendo *La vasca del Führer*, un romanzo sulla fotografa surrealista Lee Miller, che nella Parigi degli anni Trenta lavorava con Man Ray e insieme a lui frequentava l'amico di sempre Marcel Duchamp. Nei suoi memoir Miller racconta delle lunghe partite a scacchi che impegnavano i due artisti per intere nottate, gioco in cui Duchamp era campione indiscusso, tanto da preferirlo nel tempo a ogni esercizio artistico.

Tra le varie immagini che lo ritraggono con gli occhi fissi sui pezzi, intento a studiare la mossa vincente, una al tempo mi aveva molto colpito: Duchamp è molto anziano ma non per questo meno concentrato sulla partita; di fronte a lui non siede Man Ray, ma un'avversaria giovanissima completamente nuda, le grandi tette che pesano sulla scacchiera e i capelli sciolti, a coprire il volto sprofondato nel gioco. Sembra uno dei tanti scatti surrealisti di Lee Miller, la donna potrebbe addirittura essere lei se non fosse che siamo nel 1963, dalla bohème parigina sono passati più di trent'anni e Lee, quasi sessantenne, sta combattendo una battaglia impari contro i fantasmi che la tormentano da quando è tornata dai suoi reportage sui campi di concentramento nazisti. I due improbabili giocatori – Marcel Duchamp vestito di tutto punto e la giovane donna nuda – si trovano al Pasadena Art Museum in California, dove si sta svolgendo un'importante retrospettiva dedicata all'artista. La partita di scacchi è una performance per celebrare l'evento e la ragazza che sfida Duchamp è una ventenne californiana doc.

Eve Babitz non è una semplice figlia dei fiori ingaggiata per l'occasione, si trova lì per ripicca: vuole vendicarsi del suo boyfriend del momento, il gallerista Walter Hopps, che non l'ha invitata al party d'inaugurazione della mostra per evitare un incidente diplomatico con la moglie legittima. Quando il fotografo Julian Wasser le chiede se conosce una modella che se la senta di posare nuda, Eve si offre all'istante. Vedendola giocare a scacchi con Duchamp vestita come la prima donna, Hopps ci rimane di stucco. E questo basta a Eve per consumare la sua rappresaglia, un regolamento di conti dadaista che la farà passare alla storia come musa di Duchamp e icona dell'avant-garde losangelina. In realtà – come sempre – era stata lei a guidare il gioco.

La foto non sarà mai pubblicata sul *Time*, al quale era destinata, troppo osé per l'America puritana, ma verrà tramandata negli annali al pari di un'opera d'arte, e così è giunta fino a me, suscitando una vorace curiosità per questa sconosciuta ironica e spavalda.

Ricordando il fatto anni dopo, Babitz commenta così la sua bravata: «Sono sei chili sovrappeso, ho un aspetto da invincibile e non mostro mai nessuna delle qualità femminili tanto elogiate nei secoli, come la modestia, il tatto o la dolce vulnerabilità». Mi riconosco talmente in questa frase che, leggendola, rivedo le mie estati da ventenne in cerca di spudoratezza, quando prendevo il sole nuda sulle spiagge di Mykonos insieme alla mia banda di amiche, anch'io con qualche chilo di troppo dovuto alle prime pillole anticoncezionali cariche di ormoni che però, in cambio, promettevano finalmente l'amore libero. I nostri corpi contrastavano con i modelli imperanti: indossatrici filiformi come grissini che spopolavano sulle riviste di moda. All'epoca non lo sapevamo ma nella nostra imperfezione eravamo perfette. È Eve Babitz a ricordarcelo: «Che male c'era però a pensare che ero comunque bella?». E aggiunge, tirando in ballo la città che diventerà la sua più grande fonte d'ispirazione: «Del resto Los Angeles è bella, e non è né affascinante né perfetta».

Noi giovani abitanti del vecchio mondo dall'altra parte dell'oceano, chiusi nelle nostre camerette dentro palazzi dall'architettura fascista, potevamo solo sognare la libertà di quell'altrove assolato inseguendo le note di *California Dreamin'* dei Mamas & the Papas. O, meglio, della cover italiana realizzata dai Dik Dik, che prometteva estati senza fine: l'inno perfetto per accompagnare i desideri di fuga di una generazione, non soltanto verso una terra calda e accogliente ma soprattutto verso una vita lontana dall'inverno delle nostre famiglie austere e tradizionali. A quei figli dell'Eldorado invece bastava uscire dalla porta di casa.

Eve Babitz nasce a Hollywood nel 1943 ed è subito abbronzata e bionda come tutte le creature baciate dal sole e scolpite dall'aria dell'oceano della West Coast. La ragazza però non ha niente a che vedere con le Californian girls cantate allegramente dai Beach Boys. Nella sua casa ai piedi delle Hollywood Hills – proprio quelle dove troneggia l'insegna più famosa dedicata alla città – si respira cultura ad alta intensità.

La madre, Mae, un'artista di origine cajún, porta sempre una rosa nei capelli per legare lo chignon e dipinge per hobby le meravigliose case vittoriane dei boulevards losangelini prima che vengano demolite per fare spazio al nuovo che avanza. Il segreto del suo fascino è un sorriso smagliante che ha trasmesso alle figlie e – come è noto – a Hollywood una dentatura perfetta apre le porte dell'universo.

Il padre, Sol, è musicologo e primo violino nell'orchestra della 20th Century Fox, sono suoi i formidabili colpi d'arco che in *Psycho* di Alfred Hitchcock commentano l'agghiacciante scena sotto la doccia, scandendo per quarantacinque secondi le pugnalate che lo psicopatico interpretato da Anthony Perkins infligge all'ignara Janet Leigh. Una sequenza che ancora oggi – ovunque mi trovi – mi costringe a chiudere la porta del bagno a doppia mandata.

Casa Babitz è sempre piena di gente interessante ed Eve cresce a contatto con l'élite intellettuale della West Coast. Da Jelly Roll Morton ad Aldous Huxley, da Charlie Chaplin a Bertrand Russell, nessuno rinuncia ai famosi barbecue di famiglia. Il musicista Igor' Stravinskij, un pesce fuor d'acqua nel rutilante universo hollywoodiano, è il più caro amico dei genitori nonché padrino di Eve, cui dispensa preziosi consigli. La giovane figlioccia è appena tredicenne quando, durante uno dei numerosi party, il compositore le passa sotto il tavolo i primi bicchieri di scotch della sua vita, mentre la moglie Vera le insegna a mangiare il caviale.

Ma Eve divora anche più libri che può, legge Virginia Woolf, Marcel Proust e Charles Dickens. Nella sua borsa di sedicenne si possono trovare, in ordine sparso, una copia del *Puro e l'impuro* di Colette, un apribottiglie, rimmel, rossetto, sigarette, due scatole di fiammiferi: una contenente effettivamente fiammiferi, l'altra un diaframma. Ha già tutto quello che le serve per affrontare le avventure che la città degli angeli può offrire.

Quando Marilyn Monroe muore, nel 1962, per Eve è come se fosse venuto a mancare un parente. La diva bionda, che grazie a una magia da trasformista era riuscita a passare da oggetto sessuale a soggetto pensante (ma solo a beneficio di chi avesse gli occhi per vedere), era un nume tutelare per tutte le ragazze di L.A.

Nascosta tra la folla dei fan adoranti, Eve aveva ascoltato la risata argentina della star mentre con voluttà affondava le mani nel cemento fresco del marciapiede del Chinese Theatre e quel suono proveniente dalle labbra rosse della divina più che un gorgoglio sexy le era parso un grido di guerra. In quel preciso momento aveva capito che Marilyn non era soltanto un'icona di celluloide ma una vera artista a cui ispirarsi, proprio come gli scrittori del suo Olimpo letterario. L'arte di sedurre d'altronde è uno dei numerosi talenti che a Los Angeles contribuiscono ad alimentare il sogno ed Eve è lì per imparare.

In quegli anni è anche una brava studentessa e frequenta con profitto il liceo di Hollywood High, più che una scuola un vivaio di giovani californiani già qualificati a entrare a pieno titolo nel cast di una commedia brillante. Sono tutti bellissimi, soprattutto le ragazze, come Babitz racconterà in *Hollywood's Eve*, il primo dei suoi romanzi della saga losangelina: "E ce n'erano circa 20 che prese singolarmente ti mandavano fuori di testa. Insieme – e stavano quasi sempre insieme – erano il fallimento di ogni serio tentativo di far scuola nel senso convenzionale del termine...". Avremmo tutti voluto studiare in un liceo come Hollywood High, che accoglieva gli studenti con un murales gigante di Rodolfo Valentino nella versione esotica dello *Sceicco*: le labbra tumide, lo sguardo ombreggiato dal trucco, il volto avvolto dal candido turbante bianco. Senza dubbio il mentore ideale per affrontare il suono della campanella. Noi, invece, dovevamo accontentarci delle foto impolverate di anziani presidenti della Repubblica. Se penso allo sguardo severo di Giuseppe Saragat che mi sorvegliava durante il compito in classe di greco, mi chiedo come sia sopravvissuta alla pesantezza dei miei anni giovanili. Per di più, all'uscita di scuola non trovavo giovanotti col ciuffo e la camicia hawaiana pronti per andare a surfare, ma fascistelli che venivano a menare un po' a casaccio chi gli capitava sotto tiro.

La vita quotidiana di Eve al contrario è già un film pieno di suspence e il corto circuito della sua educazione – all'apparenza contraddittoria – è un mix esplosivo che può facilmente proiettarla nel firmamento hollywoodiano o, viceversa, sull'orlo del baratro: due varianti interscambiabili a quelle latitudini.

Come le ha insegnato Marilyn, il confine tra gloria e perdizione è così sottile che basta un attimo di distrazione per smarrirsi per sempre. E in più Eve è bella, troppo per passare inosservata.

La bellezza è un potere a doppio taglio, un colpo di fortuna che apre tutte le porte ma spesso condanna chi la possiede a non essere nient'altro che un oggetto del desiderio, rendendo invisibile qualsiasi altro talento.

Questo è il campo di battaglia della futura scrittrice, che nel frattempo frequenta le feste più glamour e ordina Martini cocktail nei bar alla moda, mostrando ai camerieri una carta d'identità falsa e un sorriso così sexy che resistere è impossibile.

Ci vuole un fisico allenato e una certa destrezza per immergersi fino al collo nella movida losangelina, tra corse notturne in auto, albe chimiche sulle spiagge di Malibù e naturalmente il sesso. Flirtare come se niente fosse, flirtare e sedurre per vedere l'effetto che fa ed Eve non si risparmia.

Negli anni Settanta conosce tutti, frequenta tutti e va a letto con chi le pare, ma mai per interesse o prestigio: solo per divertimento e piacere. La lista delle sue love stories è entrata nella leggenda e comprende, tra gli altri, Jim Morrison, Steve Martin e Harrison Ford, ma prima che diventassero famosi; come fosse lei, con il suo intuito magnetico, a presagire insieme all'eros le potenzialità di questi ragazzi che, a posteriori, saranno definiti mitici come quegli anni.

È Eve a mostrare a Steve Martin, allora semplice stand-up comedian nei club alternativi di L.A., le vecchie immagini del fotografo francese Jacques Henri Lartigue, consigliandogli di vestirsi sempre di bianco, come un villeggiante degli anni Venti in vacanza in Normandia; ed è solo Eve a poter scrivere con cognizione di causa che "andare a letto con Jim era come andare a letto con il *David* di Michelangelo, ma con gli occhi blu". Sarà invece sua sorella Miranda, a confezionare i famosi pantaloni di pelle del Re Lucertola tenuti insieme da fili sottili, uno dei capi più iconici e provocanti della storia del rock and roll. Jim era bello e già allora dannato, come la scrittrice ricorda con lucidità, nonostante l'infatuazione: "Con Jim la fine era imminente ogni notte e l'alba non era mai certa".

L'intraprendenza sessuale di Eve non può passare inosservata, e anche se da vera ragazza emancipata è sempre lei a prendere l'iniziativa e a scegliere le sue avventure, l'abito di musa delle stars o di groupie del rock and roll le verrà cucito addosso a vita. Ogni articolo che parla di lei – anche quando ha già pubblicato i suoi romanzi – non può fare a meno di elencare le sue *liaisons* amorose, come se fossero l'unico curriculum possibile per una donna attraente.

Il vantaggio di essere una musa onnipresente è quello di poter osservare da vicino la vita intima degli artisti. Nel malaugurato caso che la musa stessa sia un'artista, allora diventa la persona più pericolosa e al contempo più attendibile per rivelare al mondo i meccanismi segreti o le miserie della creatività. Potrebbe sfruttare questo privilegio e costruirci una carriera, ma Eve non è interessata al gossip: è troppo impegnata a cercare la sua strada. "Quello che volevo, anche se all'epoca non capivo cosa fosse perché nessuno ti dice mai niente finché non lo sai già, era tutto. O tutto quello che sarei riuscita a ottenere con i mezzi che avevo" scrive Babitz più di mezzo secolo dopo le avventure di Alma e Gala.

Di qualità Eve ne ha tante, però vivere in California è un impegno a tempo pieno, troppe le distrazioni e infiniti gli stimoli creativi da inseguire in quella che sembra una festa che non ha mai fine. Per trovare un centro di gravità che le consenta di mettere a fuoco la sua vocazione dovrebbe spostarsi, magari a New York, come ha fatto Joan Didion, l'unica autrice californiana in grado di farsi rispettare dal mondo letterario che conta. A traslocare Eve ci ha provato, ma la East Coast non fa per lei ed è subito tornata ai tramonti rosa e alle notti tiepide della sua terra. Impossibile per la sua natura entrare in sintonia con il ritmo newyorkese, la soffocavano la sensazione di avere sempre qualcuno alle spalle che ti spinge mettendoti fretta e un'inutile ansia, e soprattutto un sole troppo pallido.

E comunque Babitz ha già capito che non ha senso scappare dalle proprie radici, visto che nessuno le riconoscerà mai l'autorevolezza di Joan Didion. Tanto vale godersi la sua madeleine inzuppata nel tè, che a Los Angeles è un'oliva dentro un Martini dry da sorseggiare in qualche villa su per le colline. Non a caso, nei corposi ringraziamenti in apertura del suo primo libro, tra Jackson Brown e un negozio di superalcolici, appaiono anche il nome di Didion e quello del marito, lo scrittore John Gregory Dunne: Eve li ringrazia "per dover essere chi non sono io". Un compito ingrato portarsi addosso tanta profondità, prendersi troppo sul serio per lei è un vero delitto, eppure in questa dedica si cela un leggero risentimento. È vero che le due scrittrici si conoscono e si stimano, ma al tempo stesso non potrebbero essere più distanti. Come le facce opposte di una stessa medaglia che celebra Los Angeles: un inferno di perdizione per Joan, un inferno in cui è meraviglioso perdersi per Eve.

All'inizio è il rock ad attrarla più della letteratura e la scena musicale di quegli anni in California è molto eccitante. Stregata dalla collage art e dalle scatole magiche di Joseph Cornell che scopre a una mostra – anche se confesserà di averla visitata sotto acido –, Eve comincia a ritagliare ogni rivista che le capita a tiro, scatta fotografie che stampa con un viraggio seppia e poi ridipinge a mano creando composizioni originali. Quello che è solo un hobby diventa di fatto un lavoro quando ottiene dalla prestigiosa etichetta Atlantic Records l'incarico di realizzare le copertine per i long playing degli artisti più in auge. Forse vuole percorrere il sentiero di Andy Warhol; sicuramente ha più ambizioni di Edie Sedgwick, la musa ufficiale della Factory, che proprio in quegli anni muore (come Marilyn) per overdose di barbiturici. Un'altra stella cadente di un firmamento effimero.

Scorrendo oggi i suoi lavori, fra le cover dei Byrds e quelle di Linda Ronstadt, mi salta agli occhi una copertina dei Buffalo Springfield.

Nella mia cameretta di ginnasiale, accanto al poster con la linguaccia degli Stones c'era la libreria svedese in puro stile "norwegian wood" dove custodivo in rigoroso ordine alfabetico la collezione di vinili, e alla B, tra Battisti e i Beatles, spuntava un esemplare dei Buffalo Springfield. Proprio *Buffalo Springfield Again*, una delle più belle copertine realizzate da Eve: un collage onirico in stile hippy-preraffaellita dove il gruppo come in una favola lisergica emerge dalle rocce circondato da farfalle e uccelli esotici. Senza saperlo avevo già ammirato la creatività di Babitz, che nelle opere grafiche sta sperimentando quello che diventerà anche uno stile di scrittura: qualunque sia il mezzo utilizzato, l'importante per lei è catturare lo spirito del tempo, del suo tempo e della sua città.

Ora non è più soltanto una groupie: il nuovo lavoro le conferisce una certa "ufficialità" e soprattutto il libero accesso al backstage di tutti i concerti, un vero paradiso per i fan del rock and roll.

Ma qualcosa sta cambiando nella scena hollywoodiana:

il sole sembra meno smagliante e il blu-cartolina del cielo è offuscato da una nebbia impalpabile carica di presentimenti. La *golden age* di cui Eve è indiscussa protagonista comincia a perdere il suo proverbiale splendore e si intravede all'orizzonte una stagione più triste e malinconica, preannunciata da un bollettino quotidiano di morti eccellenti. È una strana sensazione di cose fuori posto, di certezze che lentamente si sgretolano e smarriscono il loro senso, proprio come quando ci si sveglia con un pesante hangover dopo una nottata di eccessi e non c'è rimedio che ti aiuti a tornare lucido.

Eve capisce che la sua parabola di adolescente libera e irriverente è giunta al termine, è arrivata l'ora di crescere, di vincere le paure e afferrare il suo talento. Sa anche che deve scrivere, perché sente forte l'urgenza di raccontare un mondo che sta svanendo, o forse è solo alla ricerca di un'ancora di salvezza per non precipitare insieme ai suoi sogni. Qualunque sia la ragione, a ventisette anni è pronta per lanciarsi nel mestiere più ostico per una ragazza cresciuta in bikini dentro una città che "culturalmente è sempre stata una umida giungla" come la definirà anni dopo, specificando che "ci vuole una certa innocenza per apprezzare L.A.", qualità che non le verrà mai a mancare fino alla morte.

È proprio Joan Didion a presentarla a *Rolling Stone*, la rivista più cool del momento, dopo aver letto *The Sheik*, un suo racconto sulla vita all'Hollywood High, il liceo che rappresenta il sistema di coordinate da cui scaturisce la visione del mondo di Eve Babitz: in parole povere la sua personale *Weltanschauung*. Già in questo primo lavoro le sue giovani eroine vivono come se non ci fosse un domani: la loro esistenza non si sarebbe mai placata come quella delle protagoniste dei romanzi di Jane Austen, che crescendo si rassegnano "all'umile contegno della normalità", perché al contrario dell'Ottocento "gli anni Sessanta erano troppo perché la vita tornasse a essere semplice". Il pezzo è brillante, originale, pieno di ritmo, e il direttore della rivista lo pubblica senza toccare neanche una virgola. È nata una stella, ma non sarà facile per Babitz imporre la sua voce.

Lo scrittore e sceneggiatore Dan Wakefield ricorda che il periodo più bello della sua giovinezza è stato quello passato negli anni Settanta a Los Angeles, quando era felicemente coinvolto in una love story con Eve Babitz, ma ammette con affetto che per fortuna dopo un anno il lavoro l'ha costretto a ripartire: non avrebbe retto un giorno di più il ritmo indiavolato della sua ragazza. Eve, che adesso è a tutti gli effetti una giornalista, si alza la mattina presto per scrivere («quando non c'è niente altro da fare»), ma non rinuncia alle nottate con la sua banda di amici passate a vagabondare per i vari club e ristoranti della città; è l'unica a trovarsi sempre al posto giusto nel momento giusto, e, soprattutto, con le droghe giuste per fare l'alba in compagnia. Ma passa anche molto tempo a leggere i suoi autori preferiti e a cucinare cene rimaste memorabili per chi si accampa nella sua casa a Formosa Avenue, solo a un miglio di distanza dall'hotel Chateau Marmont, che insieme al ristorante Port e al club Troubadour è tappa obbligata dell'intricata mappa di quella "umida giungla" che anima la sua ispirazione.

«Devi scrivere» le dice la sua agente letteraria – adesso ha qualcuno che crede in lei – ma Eve è evasiva, in realtà si sente più un'artista, ancora non ha capito bene cosa vuole fare da grande. Però l'agente è perentoria: «Tu sei una scrittrice.

Al di là di quello che vuoi essere, tu sei una scrittrice». E così nel 1974, a trent'anni compiuti, pubblica *Eve's Hollywood*, un affresco incredibilmente sincero della vita di una ragazza a L.A.: la sua vita. In copertina ha deciso di mettere una fotografia dell'amica Annie Leibovitz che la ritrae guardacaso in bikini: lo sguardo spavaldo, le forme generose mostrate con fierezza e un boa di struzzo buttato con noncuranza sulle spalle nude. Eve Babitz al cento per cento.

Oggi non avremmo bisogno di definizioni per un libro che veleggia con allegria e *sense of humour* tra il memoir e la tanto celebrata autofiction, allora invece era difficile catalogare questo fiume irriverente e sincero di scrittura che riesce a cogliere con straordinaria freschezza la vera essenza della dolce vita californiana. La gente le telefonava e le diceva, quasi delusa: «Non sapevo che sapessi scrivere». Dato il genere di vita che conduceva «forse si aspettavano che a quell'età dovessi andare in overdose, non pubblicare».

Se a Charles Bukowski o a Henry Miller è permesso raccontare spudoratamente le loro avventure sessuali, e a Jack Kerouac narrare la sua vita spericolata, per la critica è difficile accettare la libertà di una giovane disinibita che, senza moralismi, riesce a mettere a fuoco un'esistenza bohémienne all'apparenza troppo superficiale per essere considerata materia letteraria. Di conseguenza nessuno coglie la formidabile personalità dello stile di Eve, che viene a volte derubricato a "storielle piene di pettegolezzi". Come spiega la giornalista Lili Anolik, che con i suoi articoli appassionati ha contribuito alla riscoperta di Babitz: "Eve ci offre informazioni che sembrano gossip o comunque 'roba da ragazze', ma secondo questi standard anche Proust scriveva 'roba da ragazze'".

La facilità con cui la scrittrice costruisce le frasi e l'apparente frivolezza dei contenuti non devono trarre in inganno: come nella migliore tradizione della cultura pop americana i suoi libri non sono solo puro intrattenimento, ma nascondono sotto un'impalpabile leggerezza la profondità della grande letteratura. Nonostante gli improvvisi mulinelli di "non senso" la sua scrittura tagliente e sincopata – al pari di un'improvvisazione jazzistica – riesce a restituire un quadro avvincente e unico del bagliore della California e delle sue illusioni.

La prosa di Babitz riproduce come in un capolavoro di arte astratta il clima effervescente di quegli anni dorati ma, grazie a una sottile ironia, ne coglie anche la fragilità e l'inconsistenza, presagendo la malinconia del prossimo futuro.

Purtroppo all'uscita *Eve's Hollywood* è ignorato dalla critica, se non addirittura stroncato senza pietà. Babitz è amareggiata però non si perde d'animo e, soprattutto, non abbandona il suo abituale sarcasmo: "Non sono diventata famosa ma ci sono andata vicino quanto basta da sentire la puzza del successo. Odorava di stoffa bruciata e gardenie marce, e ho capito che la cosa veramente orrenda del successo è che in tutti questi anni lo hanno presentato come il rimedio che avrebbe aggiustato tutto". Una sentenza icastica e definitiva sul sogno americano.

Malgrado la delusione continua a scrivere e a vivere a Los Angeles, non tradendo mai il suo stile e la sua ispirazione. Non fa nulla per compiacere gli scettici o conquistare il mercato. Dovrà aspettare quarant'anni per essere presa sul serio e vedere i suoi titoli fuori catalogo recuperati a uno a uno e ristampati con successo. Oggi la critica la definisce il genio nascosto della West Coast, i suoi libri sono paragonati

a quelli dei padri della letteratura e per omaggiarla vengono chiamati in causa giganti come Francis Scott Fitzgerald
e Kurt Vonnegut. Ma la cosa più interessante è che la sua
intera opera si sta trasformando in un oggetto di culto per
le nuove generazioni, e i suoi romanzi sono adottati come
una sorta di manuale dalle giovani ragazze emancipate che
decidono di affrontare la vita con l'allegria spudorata di cui
Babitz è maestra indiscussa. Una soddisfazione amara per
la scrittrice, che quantomeno prima di morire, nel 2021, ha
visto riconosciuto il suo talento: una ricompensa che come
una piccola luce è riuscita ad alleggerire il momento più difficile della sua esistenza.

Era stata proprio Eve a scrivere in *Slow Days, Fast Company*: "Non puoi scrivere una storia su L.A. che arrivata a
metà non faccia inversione o si perda". Ma di certo non im-
maginava che a fare testacoda fosse proprio la sua vita.

Ma torniamo indietro di qualche anno. Nel 1997 Eve ha
cinquantaquattro anni e nonostante non sia diventata una
grande scrittrice non ha perso lo smalto né la voglia di fare
festa, ecco perché quella sera indossa una vaporosa gonna a palloncino con motivi floreali. È al volante della sua
Volkswagen e sta raggiungendo un dancing a West Hollywood, dove ultimamente si diverte a prendere lezioni di ballo: quale modo migliore per celebrare la mezza età? È una
giornata perfetta nella sua città imperfetta, che ancora ama
tanto e continua a evocare nei numerosi romanzi (sette, per
la precisione); c'è una luce ideale, quella che precede il tra-
monto, la preferita dai registi. Ed Eve, guidando sicura sulle
strade che conosce a memoria, decide di fumarsi un cigaril-
lo, l'ultima passione, sicuramente la più innocua nell'infini-

ta lista delle sue debolezze. Cerca una scatola di fiammiferi sul cruscotto e con un gesto abituale ne accende uno, ma le scivola di mano e cade sul vestito, che subito prende fuoco. Quella maledetta gonna sintetica colorata e vistosa che l'aveva tanto attratta nella vetrina del suo negozio preferito si sta trasformando in uno strumento di morte. Dopo non ricorda più nulla.

Chi l'ha vista uscire dalla macchina racconta di una torcia umana che cerca di spogliarsi in mezzo alla strada, uno spettacolo terrificante. Chissà, forse Eve in quel momento crede di cavarsela con poco, magari pensa ancora di cambiarsi e di poter arrivare in tempo per ballare, ne ha passate tante e non sarà certo questo stupido incidente a fermarla. Invece la faccenda è tremendamente seria. La scrittrice rischia davvero di morire, rimane ricoverata per mesi e subisce svariate operazioni: tutto il suo corpo ha riportato ustioni di terzo grado; solo il viso, ancora bellissimo, è stato risparmiato.

Alla notizia del terribile incidente rimangono tutti sotto shock. È una storia che non sembra vera, piuttosto uno dei tanti racconti losangelini usciti dalla sua fertile penna: un contrappasso devastante per una bella ragazza bionda che voleva essere felice a ogni costo.

La riabilitazione è lunga e dolorosa e in più Eve non possiede un'assicurazione sanitaria, il che in America si traduce in mancanza totale di cure. Un tam tam affettuoso si diffonde per tutta la città e un'asta viene organizzata allo Chateau Marmont, per raccogliere fondi e aiutarla ad affrontare questo inferno inaspettato. Amici di vecchia data o anche solo conoscenti si mobilitano in massa e arrivano in suo aiuto donazioni molto generose: pare che solo Harrison Ford abbia versato centomila dollari. «Incredibile» commenterà Babitz, «e ci ho scopato solo due volte!»

Eve sopravvive ma si trincera dietro una cortina di malinconia e silenzio, scomparendo completamente dalla scena come Greta Garbo. A parte la sorella e alcuni amici più stretti nessuno riesce a entrare in contatto con lei, non scrive più e non rilascia interviste, qualcuno pensa addirittura che sia morta. Solo la testardaggine di Lili Anolik, innamorata pazza delle sue opere, scoperte per caso sul banchetto di un mercatino dell'usato, la fa riemergere dal baratro in cui si è confinata. Lili la assedia con lettere, cartoline, telefonate, e alla fine riesce a incontrarla e a scrivere un pezzo appassionato per *Vanity Fair*. È il 2014 e proprio questo articolo darà il via alla resurrezione letteraria di Babitz, che a sorpresa conquista una seconda vita.

A una giornalista che, dopo la sua recente rinascita, le chiede il motivo del successo dei suoi libri dopo tanti anni, Eve risponde serafica che paradossalmente le sembra che le donne della sua epoca fossero più libere. Ipotesi interessante. Secondo lei oggi leggiamo con piacere i suoi romanzi per una sorta di nostalgia di quella libertà. Mi è difficile ammetterlo, ma credo che ci sia qualcosa di vero in questa osservazione. Nonostante i diritti acquisiti e il rispetto conquistato in tanti campi, sento una mancanza che non riesco a definire. Attraverso le storie avventurose e spregiudicate di Eve Babitz capisco che forse si è perso quel respiro audace e incosciente e la totale libertà d'azione di chi non si cura del giudizio altrui né tantomeno dei commenti sui social. Nessuno di noi possiede più il coraggio sfrontato di inseguire i propri sogni, il futuro ci fa paura, ma soprattutto abbiamo perso l'allegria e quel pizzico di leggerezza che, pur non abitando a L.A., la nostra musa può aiutarci a recuperare.

Anche se Babitz afferma convinta che quell'era bohémienne è tramontata definitivamente, ci tiene ad aggiungere, con il suo proverbiale ottimismo: «... ma ritornerà. Ritorna sempre».

DI LUCE E OMBRA

Le muse della moda

Le muse sono necessarie. Per questo non possiamo che inchinarci alla narrazione mitologica degli antichi greci che, prima dell'avvento dell'intelligenza artificiale, avevano sentito il bisogno di creare delle divinità in grado di ispirare l'essere umano in qualsiasi campo decidesse di cimentarsi.

All'epoca, però, non era stata prevista una musa specifica per la moda – o almeno le fonti storiche non la ricordano – ma mai come in questo ambito è risultata indispensabile. Non si potrebbe infatti narrare la storia del fashion design senza ricordare i personaggi emblematici che nel tempo hanno ispirato gli stilisti, incarnando il loro ideale di eleganza. La lista sarebbe infinita, ma un binomio per tutti potrebbe essere quello formato da Audrey Hepburn e il couturier Hubert de Givenchy: chi non ha sognato di indossare l'abito nero, quasi stilizzato, che l'attrice sfoggia nel film *Colazione da Tiffany* davanti alla vetrina del famoso negozio di gioielli? Più che altro abbiamo sognato di entrarci, in quel vestito, quasi una seconda pelle per la magrissima Audrey che nella scena in questione sta pure addentando un croissant (!); sta di fatto che da quel momento – non importa la taglia – si è inaugurato per ogni donna il bisogno di possedere una *petite robe noire* o *little black dress* (per usare un'intramontabile espressione cara a Carrie Bradshaw), insomma un vestitino nero di conforto sempre pronto nel guardaroba a soddisfare quella voglia di eleganza sexy e bonton che può cogliere di soprassalto anche la più scatenata adepta dello stile casual. L'abitino nero è un'ancora di salvezza nei momenti bui, un porto sicuro dove approdare quando tutto sembra andare storto, a partire dal proprio aspetto. E anche oggi, in tempi di armocromia, nessuna rinuncia a questo talismano esistenziale.

A onor del vero, la prima a lanciarlo sul mercato è stata Coco Chanel negli anni Venti del Novecento, presentando un modello facile e sciolto sul punto vita; un capo rivoluzionario poiché aboliva definitivamente corsetti e altre costrizioni, e liberava così da ogni residuo ottocentesco il corpo della *femme moderne* del nuovo secolo. Ma senza una musa che interpretasse la filosofia di questo look inedito, pronto a sdoganare per sempre il nero (fino ad allora condannato a rappresentare il colore del lutto), la *petite robe noire* non sarebbe mai diventata il simbolo della contemporaneità.

Quello tra Givenchy e Hepburn è un sodalizio leggendario che nel tempo si è trasformato anche in una grande amicizia e ha regalato al pubblico alcune delle più memorabili toilettes della storia del cinema. Audrey però, prima di legarsi definitivamente al suo stilista di riferimento, era stata soggiogata da un altro atelier che furoreggiava nei primi anni Cinquanta grazie al fortunato abito da sposa indossato da Linda Christian per il suo matrimonio con Tyrone Power. Celebrate nel 1949 a Roma nella basilica di Santa Francesca

Romana, le nozze furono un evento planetario, trasmesso in diretta radiofonica dalle emittenti d'Italia, Francia, Svizzera e Stati Uniti. Le immagini del fatidico "sì" fecero il giro del mondo pubblicate da ogni rivista patinata, e l'abito indossato dalla sposa si trasformò nell'oggetto del desiderio di milioni di donne.

A confezionare quella candida sinfonia di raso e pizzo macramè erano state tre sorelle del tutto prive dell'aspetto glamour che ci si aspetterebbe dalle stiliste di moda. Assomigliavano piuttosto a delle simpatiche casalinghe; tre donne operose che, partendo dalla provincia, avevano messo in piedi una sobria ed efficiente sartoria facendo breccia nella capitale solo con il loro cognome: Sorelle Fontana. E ora, grazie a questa diva bionda che era stata anche musa del pittore Diego Rivera, inaspettatamente vennero proiettate nel jet set internazionale. Il loro atelier in via San Sebastianello, a due passi da piazza di Spagna, cominciò a essere meta del pellegrinaggio di stars, nobildonne e ricche borghesi che volevano possedere un po' del fascino di colei che era riuscita a impalmare il bel tenebroso di Hollywood. Quel capo prezioso diventò una parte per il tutto e, ben prima di ogni strategia di marketing studiata a tavolino, rappresentò per un pubblico adorante il sogno di un *happy ending* da favola.

È chiaro che tre anni dopo queste nozze ammantate di leggenda una giovanissima Audrey Hepburn, trovandosi a Roma per girare il film *Vacanze romane*, si presenti all'atelier delle Sorelle Fontana per ordinare il suo abito da sposa. Non è ancora un'attrice famosa e il suo cuore batte per un certo James Hanson, industriale inglese che senza dubbio non ha il fascino di Tyrone Power ma è perdutamente innamorato della ragazza dagli occhi di cerbiatto. Il vestito è disegnato e confezionato dalle sapienti mani di Zoe, Micol e Giovanna Fontana in uno stile quasi monacale. Prevede una gonna ampia che, in una nuvola di satin color avorio, si apre come una corolla sotto un vitino da vespa strizzato da un fiocco piatto; il vero tocco di classe però è la fila interminabile di minuscoli bottoncini lungo tutta la schiena. *Dulcis in fundo*, a sostenere il velo un semplice cerchietto virginale adornato di mughetti. La foto di Audrey Hepburn che prova il modello esclusivo con un piccolo messale in mano appare su tutti i giornali ma il matrimonio non verrà mai celebrato. Un motivo in più per credere alla superstizione che proibisce tassativamente di mostrare in anticipo il vestito del gran giorno a occhi indiscreti. Nella sorpresa generale, a pochi giorni dalle nozze Hepburn saggiamente rompe il fidanzamento, dopo che il futuro consorte le chiede come atto d'amore di abbandonare la sua carriera. Sempre meglio prima che poi. Alla fine con quel magnifico vestito si sposerà tale Amabile Altobello di Borgo Carso in provincia di Latina, che con il marito di professione contadino vivrà felice e contenta per tanti anni. L'attrice, restituendo l'abito alla sartoria delle Sorelle Fontana, aveva espresso il desiderio di donarlo a una ragazza italiana "povera" che non se lo sarebbe mai potuto permettere e le stiliste hanno mantenuto la promessa, adattando il loro capolavoro alla taglia allegramente più mediterranea di Amabile.

Di queste e altre nozze ancora si favoleggiava nell'atelier di via San Sebastianello quando, anni dopo, ancora bimbetta, ho accompagnato mia madre a una delle infinite prove a cui si era sottoposta, stregata anche lei dalla firma delle Sorelle Fontana. Mamma non era certo una *fashion victim* ma, sotto una facciata di sobrietà, era appassionata come tutti delle rocambolesche vite di divi e reali, e almeno un abito delle tre sorelle doveva possederlo. Ricordo l'etichetta con la firma in corsivo delle stiliste, lo sfrigolare leggero della carta velina che avvolgeva con delicatezza i capi, la moquette color pastello che rivestiva il pavimento: era la prima volta che camminavo su tanta morbidezza. Più di tutto però mi torna in mente l'odore cipriato degli ambienti, che rimaneva nelle narici per ore anche dopo essere usciti all'aria aperta. All'epoca tutto sapeva di cipria nel mondo dedicato alle donne, ma sarebbe bastata una manciata di anni per spazzare via quel languore che mi metteva a disagio.

Per fortuna, nella mia adolescenza devastata da pizzi e volant, è apparsa all'orizzonte come una liberazione definitiva Mary Quant con l'invenzione della minigonna, indossata dalla sua musa indiscussa. La modella Twiggy assomigliava a una bambola di pezza, di quelle un po' sproporzionate, con la capocciona e le gambe lunghe e filiformi, non a caso era soprannominata "il grissino", eppure nessuna come lei ha interpretato il nuovo look degli anni Sessanta.

Con Twiggy le mannequin diventano definitivamente top model e le muse riconquistano un trono nell'Olimpo delle dee: non hanno più bisogno di un artista che le illumini ma vivono di luce propria e, soprattutto, fatturano per conto loro, mettendo a frutto quella che d'ora in poi verrà chiamata "l'immagine". Quella di Twiggy è costruita ad arte e diventa subito riconoscibile: occhi tondi spalancati sul mondo coronati da ciglia allungate a dismisura dal rimmel, e sul naso una spruzzata di tenere lentiggini. Più che una donna in carne e ossa, pare un cartone animato disegnato per rappresentare la rivoluzione della Swinging London. Non è possibile neanche pensare di assomigliarle, ma solo sperare in una reincarnazione. La ragazza è ironica, spiritosa e sa il fatto suo, non si ferma alle copertine e diventa manager di se stessa; si cimenta nel cinema e nell'industria della moda, a soli diciassette anni lancia una sua linea di vestiti, anticipando così di svariati lustri l'imprenditorialità di Chiara Ferragni.

Il "grissino" è uno spartiacque e apre la strada a un nuovo esercito di muse fai-da-te che, con l'avvento dei social, potranno fare a meno della mediazione di un pigmalione, di un fotografo o di un fashion maker per conquistare la notorietà: saltando ogni passaggio, alla fine le nuove divinità arriveranno direttamente al pubblico in totale autonomia. Sono loro adesso che scelgono chi ispirare e addirittura possono decidere di creare dal nulla un nuovo stilista, come ha fatto Michèle Lamy, la musa delle tenebre.

Se mia madre – che ritagliava dai giornali le foto degli abiti da sposa di Grace Kelly o Linda Christian per incollarle su un album intitolato "Spunti e idee" – avesse visto un'immagine di Lamy con uno dei suoi outfit dark, le sarebbe venuto un infarto. Difficile descrivere a parole l'impatto visivo di questa donna che si è volutamente trasformata in un'icona contemporanea. La pelle olivastra; i capelli corvini; la fronte segnata con una riga verticale che lei stessa disegna con cura religiosa ogni mattina appena si alza, ritenendola il simbolo che la tiene radicata a terra; le mani tatuate di inchiostro nero alla maniera berbera e cariche di anelli, i suoi talismani. Nonostante i quasi ottant'anni le braccia sono forti e magre, allenate con sessioni quotidiane di boxe e letteralmente ricoperte di bracciali giganti; quando sorride i denti non si vedono perché nascosti da una protesi di diamanti e oro realizzata ad arte da un dentista new age di Los Angeles; solo gli occhi azzurri spuntano limpidi da questo ritratto di sacerdotessa dark che incede solenne su platform altissime di plastica trasparente, trasportando una figura esile ma impossibile da identificare, visto che è sempre drappeggiata con vestiti quasi primordiali, preferibilmente neri.

Gli abiti sono ideati dal marito Rick Owens, stilista acclamato di cui lei ha intuito il talento decidendo – in questo ordine – di lanciarlo, costruirci una società e poi sposarlo.

Prima che creatrice e ispiratrice di fashion design, Michèle è stata avvocata penalista, spogliarellista e fondatrice di due night club a Los Angeles: ha vissuto mille vite, sempre con una sigaretta senza filtro tra le labbra. Oggi è una performance vivente, una regina del lato oscuro della moda, un'intellettuale colta che ama l'arte e la musica rap. Quando le chiedono se si senta più musa o artista non risponde, ma scoppia in una risata così profonda che sembra provenire dall'oltretomba. Non so se sia lei il futuro del musismo, o invece rappresenti solo un necessario momento di passaggio prima di venire tutti proiettati verso un domani ancora da scoprire, in cui le muse appariranno nel regno del metaverso, dettando tendenze in linguaggi sconosciuti ai più. Non c'è niente di più imprevedibile del mondo della moda: quello che sembra nuovo a volte è antichissimo e viceversa, in un'infinita catena di meraviglie che non finisce mai di stupirci. Eppure in questa grande fiera dell'apparenza ci sono storie rimaste volutamente nell'ombra.

Tra le numerose figure che hanno ispirato la creatività di una delle industrie più importanti del mercato internazionale, in grado di far oscillare il PIL delle nazioni, tra le tante Inès de la Fressange, Kate Moss, Claudia Schiffer, Naomi Campbell e compagnia, la mia musa preferita è una donna che è rimasta sotto traccia. Di lei si conosce a malapena l'aspetto e, nonostante sia stata la scintilla che ha illuminato la fantasia di un grande couturier, il suo volto non ha mai occupato le copertine dei giornali.

Ginette Catherine, ultima di cinque figli, nasce nel 1917 a Granville, sulla costa della Normandia, in una casa a picco sul mare che sembra uscita da una favola: la facciata rosa confetto, i tetti spioventi, le finestre che si aprono su un parco lussureggiante punteggiato da archi di rose e filari di alte conifere piantate ad arte per proteggere i boccioli dal vento salmastro.

Catherine è la cocca di famiglia ma soprattutto del fratello Christian, con cui nasce un legame profondo. Ad alimentarlo l'amore che entrambi nutrono per il giardinaggio: i fiori e i profumi saranno una costante della loro esistenza, un linguaggio segreto che li terrà uniti per tutta la vita.

Ironia della sorte, le grandi fortune di famiglia nascono da qualcosa che è molto lontano dalla piacevole fragranza dei bouquet che la madre compone ogni giorno per adornare la villa. Dal letame nascono i fiori e proprio da una fabbrica di guano deriva il benessere dei Dior. "Il fertilizzante Dior è d'or!", così sentenzia lo slogan, pubblicizzando un nome che in futuro farà la storia del profumo. Purtroppo le vicende della Prima guerra mondiale e la crisi del 1929 fanno fallire l'azienda di famiglia, che è costretta ad abbandonare gli agi di Granville per riparare in una piccola fattoria della Provenza vicino Grasse. Ma i fratelli non si perdono d'animo e presto fanno nascere insieme ai genitori un nuovo giardino delle delizie che è subito benedetto da quel clima soleggiato: grazie a una cura costante le rose della nuova umile residenza non sfigurano a confronto con le più belle fioriture del passato.

Christian però è irrequieto, sente di possedere un talento, è appassionato d'arte, si diletta nel disegno, solo Parigi con le sue mille opportunità può alimentare le sue aspirazioni e si trasferisce nella capitale per immergersi nell'atmosfera creativa degli anni tra le due guerre. Catherine lo raggiunge e, mentre lui apre una galleria di opere d'avanguardia, lei cerca di sbarcare il lunario lavorando nei negozi di moda, ma ancora una volta, con l'avvento della Seconda guerra mondiale, i sogni dei due giovani s'infrangono. Parigi è occupata dai nazisti e la Provenza, anche se si trova nel territorio di Vichy, è solo apparentemente una zona franca: in realtà si trasforma presto in uno stato satellite del Terzo Reich e l'oppressione della dittatura diventa ogni giorno più pesante. Christian e Catherine tornano alla fattoria per aiutare i genitori e iniziano a coltivare verdure, che vendono al mercato di Cannes. La terra è ancora una volta fonte di sopravvivenza morale ed economica: grazie al giardino e ai suoi frutti i Dior resistono ai tempi con dignità e un grande amore reciproco. C'è una sorprendente sobrietà nella vita di questi ragazzi travolti dagli avvenimenti del Novecento, la loro storia assomiglia a quelle di tante famiglie che hanno attraversato le turbolenze del secolo; forse non l'avremmo nemmeno mai conosciuta se Christian non fosse diventato uno dei maestri dell'haute couture più famosi del suo tempo e Catherine la sua musa discreta.

Nonostante un aspetto che rasenta l'austerità, Catherine è una giovane ragazza piena di vita con un sorriso smagliante, appassionata come Christian di arte e musica; può solo incoraggiare il fratello, che aveva cominciato a farsi notare come disegnatore di bozzetti per gli stilisti più in voga della capitale. A guerra ancora in corso lo esorta a tornare a Parigi e a inseguire i suoi sogni, mentre lei ha già segretamente scelto un'altra strada. Quando Catherine a Cannes conosce per caso Hervé Papillault des Charbonnerie, sposato e padre di tre figli, non si innamora solo dell'uomo bello e affascinante ma anche delle idee di libertà per cui sta combattendo in incognito contro il regime nazista; tra i due scatta quel che si chiama un colpo di fulmine e subito i loro destini s'intrecciano indissolubilmente. Catherine senza esitazioni entra al fianco di Hervé nella Resistenza con il nome in codice di "Caro", sezione F2 del Massif Central, e, come tante donne durante la Seconda guerra mondiale, comincia una doppia vita temeraria e impensabile per una ragazza che fino ad allora aveva coltivato rose e insalata.

La storia delle partigiane che hanno partecipato alla lotta di liberazione nei paesi schiacciati dalle dittature è stata a lungo ridotta a narrazioni romantiche e paternalistiche che le hanno dipinte come "semplici" staffette in bicicletta occupate a trasportare qualche messaggino. Solo di recente si è cominciato a rendere giustizia al coraggio e al sacrificio di tante eroine che non hanno esitato a imbracciare le armi e affrontare senza alcuna preparazione militare pericoli che, oltre alla morte e alla tortura, prevedevano, come avviene ancora oggi, lo stupro: la prima e la più odiosa arma contro il genere femminile. L'impegno di mademoiselle Dior, come quello di tante altre, è stato prezioso e ha contribuito per esempio a diffondere piani e notizie di vitale importanza per l'intelligence degli alleati, che stavano organizzando lo sbarco, e per i patrioti, che preparavano l'insurrezione.

Verso la fine della guerra la sezione operativa della Resistenza francese F2 conta più di duemilacinquecento agenti, di cui il ventitré per cento sono donne; di questi, almeno novecento vengono internati, deportati o uccisi. Purtroppo nel luglio del 1944 anche Catherine è catturata in un agguato. La notizia del suo arresto coglie tutti di sorpresa, soprattutto Christian, che crede di impazzire e, da Parigi, cerca di scoprire dove sia stata portata. Ma è impossibile saperlo, i nazisti che occupano la capitale hanno messo a punto dei sistemi crudeli ed efficaci per occultare le tracce dei loro abomini.

Oggi rue de la Pompe, nel XVI arrondissement, è tornata a essere una strada molto ambita nel mercato immobiliare del lusso della Ville Lumière. Pochi si possono permettere un appartamento in un *hôtel particulier* in questa zona esclusiva tra il Trocadero e il Bois de Boulogne, quartiere da sempre riservato a una clientela facoltosa e benestante. Ed è proprio al numero 180 di rue de la Pompe, in un bel palazzo a tre piani sequestrato a una famiglia ebrea deportata ad Auschwitz, che il comando del Terzo Reich ha piazzato un manipolo di criminali comuni per svolgere il lavoro sporco degli interrogatori più feroci e disumani nei confronti dei prigionieri politici. Più di trecento esponenti della Resistenza passano da questo inferno e Catherine è tra loro. Le torture e le intimidazioni avvengono in salotti rivestiti di boiseries e tappeti persiani, dove gli sgherri al soldo dei nazisti pasteggiano a champagne e cibi prelibati, frutto di ruberie e commerci della borsa nera.

È uno scenario allucinante e quasi surreale quello descritto dai testimoni sopravvissuti alle sevizie che, anni dopo, hanno deposto al processo contro la banda di rue de la Pompe. Per indurre alle confessioni le vittime sono picchiate con tubi flessibili o immerse in vasche d'acqua gelata fin quasi a soffocare, mentre donne compiacenti vestite da sera prendono appunti come brave segretarie, e qualcuno nella stanza accanto strimpella al piano per coprire le urla. Una follia alla Salò che sembra più la sequenza di un film che la mostruosa realtà. Chi non sopravvive viene gettato come spazzatura nel vicino Bois de Boulogne; chi resiste è riconsegnato alle autorità tedesche per la deportazione.

Catherine resiste, non rivela i nomi dei suoi compagni di lotta ed è caricata su quello che sarà l'ultimo treno in partenza per i campi di concentramento prima della liberazione. Christian, che ora lavora con successo come disegnatore per lo stilista Lucien Lelong, viene informato da amici comuni e cerca in ogni modo di far rilasciare la sorella, si appella a tutte le conoscenze che ha; riesce persino a contattare il console svedese Raoul Nordling, rimasto alla storia per essere riuscito a salvare dalla distruzione i ponti di Parigi grazie a un'abile mossa diplomatica. Ma per Catherine non c'è niente da fare e, dopo un estenuante viaggio su un carro bestiame insieme ad altri duemila prigionieri, nell'agosto del '44 arriva a Ravensbrück.

Subito viene sottoposta al trattamento di disumanizzazione previsto dal protocollo nazista: rasata, denudata, privata di ogni suo avere, le viene tatuato sul braccio il numero 57183RA e come tutti i prigionieri politici ha cucita sulla divisa carceraria una stella rossa. Il destino di mademoiselle Dior è comune a quello di tutti gli uomini e le donne rinchiusi nei campi di sterminio: denutriti, picchiati, minacciati e costretti a lavorare come schiavi. In particolare Catherine è addetta alla pericolosa fabbricazione di esplosivi, per incrementare gli ultimi sforzi bellici di una Germania vicina alla disfatta. Vede morire di stenti accanto a sé compagne di lotta, donne troppo debilitate o troppo anziane per sopportare quel regime perverso e, con un'incredibile forza che non sa neanche lei da dove provenga, continua a resistere.

Quando, nell'aprile del '45, gli Alleati entrano nei lager, molti prigionieri sono già stati evacuati dalle ss e costretti alle famigerate marce forzate della morte: un ultimo atto assurdo e crudele che ha condannato centinaia di persone a un passo dalla salvezza. I soldati americani trovano Catherine nelle campagne quasi in fin di vita. Rimane ricoverata per un mese in un ospedale di Dresda. Alla fine di maggio Christian, che nel frattempo ha perso le tracce della sorella, riceve una telefonata che gli annuncia il suo arrivo alla Gare de l'Est. Più che una notizia è l'avverarsi di un miracolo.

C'è aria di festa a Parigi grazie anche alla complicità di una frizzante atmosfera primaverile: decine di persone si recano alla stazione come se partissero per una scampagnata, hanno tutti in mano un piccolo bouquet, più che altro rose e lillà; Christian non ha trovato i mughetti, i fiori preferiti della sua musa, ma il suo mazzo è il più bello di tutti. Sul binario si scambiano sorrisi tra sconosciuti, sono tutti in attesa di riabbracciare parenti, amici, mogli e mariti, finalmente arrivano i primi prigionieri liberati dai campi, è un segno tangibile della conclusione di quella maledetta guerra. Ma nessuno di quei mazzetti verrà consegnato: finiranno tutti sulla banchina a formare un inutile tappeto di gioie appassite. Quando le porte del treno si aprono e i primi viaggiatori cominciano a scendere l'attesa generale si trasforma in un profondo sconforto: le facce emaciate, i corpi rinsecchiti, lo sguardo assente; nessuno riconosce i propri cari in quella macabra sfilata di scheletri privati dell'anima. I fiori vengono lasciati cadere a terra quasi con vergogna, il cinguettio della folla si trasforma in un silenzio funereo: non ci sono più parole e nonostante uomini e donne siano vivi, miracolosamente sopravvissuti, fino all'atroce visione di quel mattino nessuno aveva potuto immaginare l'orrore che avevano attraversato.

Christian porta Catherine nella sua casa di rue Royale e l'accudisce con amore; nonostante i razionamenti trova per lei pietanze appetitose che però la sorella riesce a malapena a deglutire. La convalescenza è lunga e penosa ma lui non la abbandona neanche per un attimo e disegna, disegna giorno e notte quella che sarà New Look, la prima collezione firmata con il suo nome, la collezione della resurrezione di Catherine e del paese per cui lei ha combattuto. E insieme ai vestiti immagina un profumo che riunisca in un solo bouquet tutti gli aromi del giardino della loro infanzia, una sinfonia di essenze che come un elisir di benessere e felicità riporti la *joie de vivre* alla sua musa e alla Francia. Nasce così "Miss Dior", dedicato alla sorella rediviva, l'unica che ha sempre creduto nel suo talento. Una volta un famoso "naso" mi ha confessato che un profumo, prima di poter essere spruzzato sulla pelle, "deve essere conservato a lungo nei cuori di chi l'ha creato". Sarà per questo che Christian l'ha definito il profumo dell'amore.

Quando per il mio diciottesimo compleanno un corteggiatore, a mio giudizio inopportuno, mi regalò una boccetta di Miss Dior, che lui considerava con orgoglio un dono raffinato, io, non nascondendo la delusione, non l'ho neanche ringraziato. Un profumo così "borghese" e stupidamente lussuoso non rientrava di certo nel mio pantheon di riferimento. Avrei preferito un biglietto per un concerto rock o un buono alla libreria Feltrinelli; al limite, se proprio ci teneva, una boccettina di patchouli, l'unica essenza ammessa da noi ragazze degli anni Settanta, perché se non altro ci ricordava il viaggio in India che sognavamo presto di intraprendere. Chissà, se avessi saputo le vicende della musa nascosta dietro quel prezioso flaconcino forse avrei reagito diversamente. Ma fino a poco tempo fa nessuno era a conoscenza della storia di Catherine Dior, la discrezione che l'ha sempre contraddistinta e il desiderio di voltare pagina l'hanno spinta a proteggere la sua privacy e a ricostruirsi passo passo una nuova vita, aiutata dall'affetto della sua famiglia.

Anche se non ama parlare delle terribili esperienze che ha dovuto affrontare Catherine è presente con gli altri testimoni di accusa al processo che condannerà la gang dei torturatori di rue de la Pompe, la maggior parte purtroppo in contumacia perché latitanti. Come molti altri criminali di guerra anche loro sfuggono alla giustizia, ma le deposizioni agghiaccianti delle vittime li inchiodano per sempre alle loro responsabilità, scrivendo definitivamente la storia contro ogni negazionismo.

Pur continuando a incoraggiare il lavoro creativo del fratello, come aveva fatto sin dall'inizio, Catherine non ha mai voluto lavorare nella casa di moda. Dopo aver ottenuto una licenza di distribuzione di fiori recisi (ancora una volta i fiori...), crea un'azienda di produzione ed esportazione insieme al ritrovato Hervé, l'amore della sua vita. Per anni si reca alle quattro del mattino al mercato di Les Halles per partecipare alle aste e supervisiona i campi di rose della casa in Provenza che, a ogni stagione, continuano a produrre meravigliose fioriture; l'imprenditrice-fioraia le raccoglie e le spedisce in tutto il mondo, rallegrando con profumi e colori le case di tante persone.

Non può che essere ispirato a questa nuova vita e alla passione che da sempre unisce Catherine e Christian uno dei vestiti più famosi della *maison* Dior: un capo che appare come un sogno sulla passerella della sfilata primavera-estate del 1949. Catherine è come sempre in prima fila ad applaudire il successo ormai planetario del fratello e, anche se difficilmente lo indosserà, visto il suo stile pratico e sobrio, non può che amare questo modello che non a caso si chiama Miss Dior, come il famoso profumo. Il taglio è semplice ed essenziale ma il corpetto strizzato in vita e l'ampia gonna sono letteralmente ricoperti da una cascata di impalpabili boccioli di seta, in una delicata sinfonia di colori che vira dal rosa pallido al violetto e riproduce con un effetto *trompel'œil* l'ideale di un'eterna primavera: più che un vestito, una visione e una bandiera identitaria per Christian Dior. Così simbolico che Maria Grazia Chiuri, attuale direttrice creativa della *maison*, lo ha riportato a nuova vita creando una gonna che ne è una straordinaria versione dark in pelle nera, punteggiata da decine di fiori ton sur ton cuciti a mano, a uno a uno, nel rispetto della tradizione artigianale della casa di moda: un omaggio creativo e sorprendente alla musa prediletta del suo fondatore.

ARTEMISIA FECIT

Musa in suo nome proprio

La ragazza siede in una grande vasca di marmo, sta per fare il bagno. Sarebbe nuda se non fosse per un minuscolo telo bianco, appoggiato tatticamente sulla coscia sinistra a nascondere l'inguine dalle occhiate di legioni di voyeurs che dal Seicento la scandagliano centimetro per centimetro. Dopo quattrocento anni questo celebre soggetto biblico dipinto da una diciassettenne nel 1610 suscita ancora l'interesse di una vasta platea di ammiratori, studiosi, esteti o semplici curiosi. Com'è possibile? Cosa ha di diverso dai tanti nudi di cui sono piene le pinacoteche e i musei di tutto il mondo? Tra le pennellate si nasconde qualcosa di insolito e originale che attrae fatalmente i suoi osservatori e forse il mistero riguarda proprio la personalità dell'artista celata dietro l'opera, che continua a parlarci anche dopo centinaia di anni.

Ognuno è folgorato dalla sua personale sindrome di Stendhal e questa è la mia.

Susanna è un personaggio biblico, la mogliettina di Ioachim, ricco e stimato notabile di Babilonia. I due vivono in una villa con giardino gigante annesso, dove si trova la famigerata vasca di marmo in cui Susanna è solita immergersi, congedate le ancelle. Un giorno Ioachim riceve la visita di due anziani giudici. Al momento di andarsene i due buttano lo sguardo in giardino, e chi vedono? Susanna mezza nuda, che sta per farsi il bagno. Ossessionati da questa immagine, nei giorni successivi pensano bene di minacciarla: o lei accetterà le loro profferte sessuali, oppure la accuseranno di adulterio. Susanna non ne vuole sapere, li respinge, e i due vecchioni livorosi, per ripicca, la denunciano per un crimine che non ha commesso. A salvarla da morte certa è un ragazzino di nome Daniele: «Siete così stolti, israeliti?» esclama di fronte al tribunale. «Avete condannato a morte una figlia d'Israele senza indagare la verità!» Alla fine i calunniatori sono ritenuti colpevoli, Daniele è riconosciuto come profeta e Dio come colui che ha disposto per il meglio. Susanna trionfa e diviene esempio di castità, fedeltà, lealtà, timore di Dio... una campionessa di virtù muliebri.

Alla fine del Quattrocento *Susanna e i vecchioni* diventa un tema iconografico *à la page*. Di Susanne ne vengono dipinte a bizzeffe: c'è quella castissima di Pinturicchio, quella morbida di Lorenzo Lotto, la Susanna-meringa di Tintoretto, quella semimartirizzata di Rubens... A parte un'improbabile versione lasciva di Alessandro Allori, che richiama le cartoline erotiche in bianco e nero dei primi del Novecento, tutte le altre Susanne sono rassegnate o si stanno votando a Nostro Signore, con gli occhi rivolti al cielo.

La "nostra" Susanna, invece, è diversa: è disgustata. I vecchioni la ripugnano, così la loro proposta, un insulto. È costretta a chiedere aiuto perché sola, ma non è difficile immaginare che, se fosse stata in mezzo alla gente, o anche solo vestita, li avrebbe cacciati a male parole, quando non presi direttamente a schiaffi. Ma Susanna non può reagire, è sotto scacco. Uno dei molestatori, addirittura, le intima il silenzio appoggiando l'indice sulla bocca vogliosa.

Disgusto a parte, la nostra eroina possiede un'altra caratteristica unica: ha un corpo realistico. È proprio come dice la Bibbia, cioè giovane e di rara bellezza. Eppure non è stereotipata, al pari di una Barbie barocca: ha un seno pieno, proporzionato, ma non finto, infatti risente della forza di gravità. Ha la pelle candida come Biancaneve, ma imperfetta: le caviglie sono arrossate, così le pieghe dietro le ginocchia. E sulla schiena si intravede un rotolino di ciccia di quelli invincibili, contro cui non c'è dieta o esercizio che tenga.

Basta fare due più due per dedurre che questa Susanna non può che averla dipinta una donna.

Siamo a Roma, all'inizio del Seicento. Da quando papa Sisto V ha cominciato a espandere, ricostruire e abbellire la città, attorno a piazza di Spagna è tutto un fiorire di chiese e spazi architettonici. I pontificati al tempo duravano poco, alcuni due anni, altri tre, cinque quando andava benone. Nonostante il veloce alternarsi dei papi i lavori procedono. Tutte queste chiese e questi spazi devono essere sistemati, riadattati, decorati: è la fortuna delle maestranze, come si sarebbe detto allora, o degli artisti, come li chiameremmo oggi.

Orazio Lomi Gentileschi è uno di loro. È un pittore, lavora per la Chiesa o per i ricconi che possono permettersi cappelle private o soffitti affrescati. I temi sono quelli classici: episodi biblici, ritratti di santi ispirati al committente di turno,

Madonne in tutte le salse. Il suo stile piace, la sua bottega è fiorente. E difatti Orazio non ha problemi a mantenere una famiglia piuttosto numerosa: ha moglie e sei figli, tutti maschi tranne la primogenita, Artemisia. L'unica, con gran meraviglia dei genitori, a possedere talento nella pittura. A pensarci bene, è straordinario che Orazio le abbia insegnato a dipingere.

Le figlie femmine erano tenute ad aiutare la madre in casa e a servire padre e fratelli fino al matrimonio, giorno in cui avrebbero cominciato a servire il marito e i figli che avrebbero sfornato, possibilmente uno dietro l'altro, fino alla morte. Artemisia non sfugge a questo destino, come potrebbe? Si occupa della casa, dei fratelli e del padre, subentrando del tutto alla mamma nel momento in cui questa muore, intorno ai suoi dodici anni. Il suo fine ultimo rimane il matrimonio. Ma il precoce interesse dimostrato nei confronti del mestiere del padre fa sì che Orazio le permetta di affiancarlo: le insegna a mischiare i colori, a confezionare i pennelli, a preparare le tele.

Mentre riduce in polvere il lapislazzuli o la gommagutta, mentre estrae l'olio di lino o quello di noce, mentre posa per lui nei panni di Cleopatra o di Giuditta, Artemisia lo osserva. E, a tempo perso, comincia a imitarlo, ricopiando a mano xilografie o incisioni recuperate nella bottega. Ha grandi capacità, e Orazio realizza che è una vera benedizione: basterà formarla per procurarsi un aiuto *full time*, a costo zero. La dipendente ideale. Anche perché Artemisia non può licenziarsi e, come tutte le ragazze perbene e timorate di Dio, non le è nemmeno permesso affacciarsi alla finestra: passerebbe per una poco di buono. E lei non vuole né può permetterselo: comprometterebbe le sue aspettative matrimoniali. Meglio evitare, visto che non ha neanche quindici anni e già ha dato scandalo: ha posato per il padre e, colpa gravissima, non passa inosservata. È bella, ha lineamenti delicati, guance tornite, capelli rossi e ricci, le cui ciocche escono scomposte da trecce e turbanti.

Al tempo la formazione degli artisti prevedeva lunghi vagabondaggi di atelier in atelier, di corte in corte, per sperimentare, scoprire, lasciarsi contaminare: impensabile per lei, che rimane segregata tra quattro mura e può studiare solo dai bozzetti di bottega. In compenso, però, ha la grande opportunità di crescere circondata dal gotha dei pittori del tempo. Annibale Carracci e Caravaggio sono di casa: il primo va e viene dal cantiere a Palazzo Farnese, il secondo scandalizza i benpensanti con il suo naturalismo, i chiaroscuri estremi, fasci di luce potenti a illuminare Madonne con il volto di prostitute, santi per cui ha fatto posare dei mendicanti.

Artemisia assorbe tutto. Nel 1610, con *Susanna e i vecchioni*, dà prova di aver imparato. Di non essere più solo allieva del padre o una valida collaboratrice al suo servizio, ma una vera "pittora in suo nome proprio": Artemisia Gentileschi.

È una scelta sovversiva. Nel Seicento le pittrici si contavano sulle dita di una mano, e non si può proprio dire che si distinguessero per la forte personalità. D'altronde alle donne era preclusa ogni accademia e, se proprio s'intestardivano nel voler dipingere, erano incoraggiate a esprimersi con uno stile vezzoso e delicato, talmente piatto da meritarsi il grazioso appellativo di *peinture de femme*. Erano brave esecutrici ma raramente riuscivano a diventare delle vere artiste, anche se ne possedevano le qualità. E allo stesso modo per loro erano sbarrati tanti altri campi del sapere, riservati tradizionalmente agli uomini. D'altra parte, a cosa potevano servire la pittura o la filosofia se l'unica strada ammessa per una donna era quella che conduceva dritto nella casa del marito? Tutto ciò non ci deve meravigliare visto che molti secoli dopo, quando frequentavo la scuola media, alle femmine veniva ancora inflitta la tortura di una materia come Economia domestica, mentre per i maschi c'era la più attraente Applicazioni tecniche. Ricordo come un incubo il testo che avrebbe dovuto preparare noi fanciulle a diventare casalinghe perfette, insegnandoci con illustrazioni edificanti a riordinare la cucina, lavare il bucato e cucinare con gli avanzi le ricette più succose. Se alla fine degli anni Sessanta l'istruzione per le ragazze era ancora differenziata, non oso immaginare la fatica che hanno fatto le nostre antenate per sviluppare i loro talenti; un percorso a ostacoli disseminato di trappole e insidie, che Artemisia ha attraversato grazie a una serie di circostanze fortunate e a una volontà di ferro.

La giovane pittrice afferra ogni occasione che le capita a tiro per raffinare le sue qualità: prende ispirazione dal padre, naturalmente, ma anche da Caravaggio, da Rubens, da van Dyck, dalla scuola bolognese dei Carracci, e filtra tutto attraverso uno sguardo crudo, realistico, e in quanto tale graffiante, spietato. Artemisia vuole lasciare un segno in chi guarda, e lo fa sbattendogli in faccia le brutture della condizione umana, le imperfezioni dei corpi, la sporcizia, l'indifferenza.

Una visione personale e potente che si intuisce mettendo a confronto la *Giuditta e Oloferne* di Caravaggio del 1599 con la sua di una decina d'anni dopo, quando la pittrice ha appena vent'anni. La Giuditta di Caravaggio è una figura esile, titubante, che sembra spinta dalle circostanze a compiere il delitto. Infatti si tiene quasi a distanza dalla vittima, con le mani appena appoggiate al suo collo.

Nella versione di Artemisia, invece, Giuditta è una donna decisa, corpulenta, con lo sguardo consapevole e le mani che affondano con forza il coltello; qui il sangue non è un accenno, un simbolo, un'"idea di sangue", ma schizza dalla giugulare del barbuto Oloferne come in un film di Tarantino, colando sulle lenzuola. Giuditta ne è infastidita, che schifo tutto questo sangue ovunque, che fastidio quest'uomo che si ribella e fa resistenza. La serva che lo sta tenendo fermo, in compenso, ha un'espressione neutra, come se stesse aiutando la padrona a sgozzare un maiale o a spennare un tacchino. E, d'altro canto, possiamo anche vederla così: le due stanno semplicemente facendo un lavoro che andava fatto e basta.

Nella Bibbia, Giuditta è l'eroina che libera una città assediata dagli Assiri, seducendo e poi decapitando il loro generale, Oloferne.

Nel dipinto di Artemisia, Giuditta è lei stessa, che si libera per sempre dall'uomo che l'ha violentata, dal controllo del padre e dai legacci di una condizione femminile che la opprime e la schiaccia, per scappare verso un futuro in cui essere, finalmente e del tutto una "pittora" indipendente.

L'Oloferne di turno non è un generale assiro ma un bellimbusto di nome Agostino Tassi, pittore toscano approdato a Roma in cerca di fortuna ma, più che altro, in fuga da un passato che sta cominciando a diventare ingombrante, tra debiti, omicidi, accuse di incesto, risse e relative condanne.

Un farabutto, in sostanza, ma pure i farabutti hanno lati positivi: quello del Tassi è essere bravo nel *trompe-l'œil*. Il che favorisce l'incontro tra lui e Orazio, al quale serve un collega che lo aiuti ad affrescare la loggia di una villa sul Quirinale, il Casino delle Muse. Guarda un po' le coincidenze.

I due lavorano tutto il giorno fianco a fianco, il Tassi alle architetture, Orazio alle figure. Artemisia posa per lui: ora è una musa che occhieggia spavalda da dietro un ventaglio, ora spunta pensosa tra le corde di un'arpa. La sera si ritrovano in bottega. Mentre Artemisia provvede alla cena, a Orazio viene l'idea: e se chiedesse all'amico di iniziare la figlia all'arte della prospettiva? Potrebbe prendere commesse senza l'intralcio di colleghi con cui dividere onori e denari. Artemisia, *ça va sans dire*, non dovrebbe pagarla. L'idea di una donna economicamente autonoma che vive del suo lavoro è una stranezza inconcepibile che neanche lo sfiora, e Orazio senza pensieri avanza la sua proposta.

Al Tassi non pare vero. Perché a lui Artemisia piace, forse anche come pittrice ma più che altro come donna: e ottenere il permesso per rimanere da solo con lei, senza *chaperon*, gli semplificherebbe di molto le cose. Una diciottenne tutta per sé: che incredibile fortuna.

Sedurla gli sembra un gioco da ragazzi, e si getta anima e corpo nell'insegnamento. Tra una volta e una colonnina tenta vari approcci, rimediando una serie infinita di due di picche. All'ennesimo rifiuto, invece di farsi da parte, pensa bene di comportarsi come avrebbero voluto fare i vecchioni: passa alle vie di fatto. Il quadro dipinto dalla "pittora" solo un anno prima purtroppo racchiudeva una nefasta profezia che la realtà ha addirittura superato.

Il racconto della vittima è agghiacciante e assomiglia a

milioni di altri resoconti presenti nei processi per stupro che continuano a svolgersi, spesso senza giustizia, nei tribunali di tutto il mondo: "Serrò la camera a chiave e dopo serrata mi buttò su la sponda del letto dandomi con una mano sul petto, mi mise un ginocchio fra le cosce ch'io non potessi serrarle et alzatomi li panni, [...] mi mise una mano con un fazzoletto alla gola et alla bocca acciò non gridassi [...], havendo esso prima messo tutti doi li ginocchi tra le mie gambe et appuntendomi il membro alla natura cominciò a spingere e lo mise dentro. E li sgraffignai il viso e li strappai li capelli et avanti che lo mettesse dentro anco gli detti una stretta al membro che gli ne levai anco un pezzo di carne".

A violenza consumata, con il Tassi in fuga o, più probabilmente, uscito in tutta calma dalla porta principale, come se nulla fosse, Artemisia va in cerca del padre e gli racconta tutto. Chissà cosa si aspetta: che la vendichi, magari, che lo uccida. In ogni caso, Orazio non fa nulla di tutto ciò: tenta la mediazione, invocando il matrimonio riparatore. Convoca l'amico e gli fa promettere di sposare Artemisia, che ormai ha perso la verginità e quindi è rovinata: bisogna porre rimedio prima che la gente lo sappia, che la sua reputazione ne sia compromessa e il buon nome della famiglia infangato.

Il Tassi accetta, rassicura, si prenderà le sue responsabilità. Ma i mesi passano, a marzo dell'anno successivo lei è ancora nubile e il Tassi spadroneggia: va e viene come gli pare, dispone delle tele, manda il suo furiere a prenderle e a portarle via. Artemisia indaga e scopre che il fetente le ha taciuto un particolare: è già sposato.

Lo dice al padre. Viene fuori che Orazio è disposto a passar sopra alla violenza, ma non alla presa in giro. In preda alla rabbia, denuncia il Tassi. Nel maggio del 1612 comincia quindi un processo, che tiene banco in tutta Roma per il resto della primavera, l'estate e alcuni mesi autunnali. Gli atti sono pubblici, tutto diventa pubblico. Pubbliche sono le plurime, umilianti visite ginecologiche cui Artemisia è costretta a sottoporsi, con levatrice e notaio che, di fronte al popolo guardone, devono attestare che sì, ha perso la verginità.

Pubblica è la sua testimonianza che corre di bocca in bocca, discussa per strada come oggi si farebbe su Twitter. Sotto accusa finisce lei, la vittima. È additata come una zoccola bugiarda ("Artimitia era una puttana [...] sapeva che c'havevano anco havuto che fare molti altri"), testimoni prezzolati dal Tassi ricordano improvvisamente di averla vista affacciarsi alla finestra per adescare ragazzi nella pubblica via, altri ritengono che proprio lei si sia offerta al Tassi e ora si stia solo vendicando per essere stata rifiutata.

Il danno alla reputazione, gravissimo e mai del tutto sanato, è però forse la parte meno allucinante di questo processo.

In assenza della macchina della verità, per convincersi della veridicità delle accuse, i giudici dispongono che la testimone venga torturata con la procedura dello schiacciamento dei pollici: se continuerà a confermare la sua versione, allora le crederanno. Un'ordalia, in buona sostanza, tal quale quelle che la Santa Inquisizione utilizzava per estorcere alle streghe confessioni improbabili.

Artemisia quindi allunga le mani verso le guardie. Mentre infila i pollici fra due corte sbarrette di metallo, e il carnefice le stringe via via serrando una vite, mille aghi di dolore le si conficcano nelle dita. Le falangi diventano blu e rischiano di perdere vita, sensibilità, di staccarsi, impedendole per sempre di dipingere. Lei grida ad Agostino: «Questo è l'anello che mi dai, e queste sono le promesse!».

A fine novembre Artemisia (o meglio suo padre) vince il processo "per sverginamento". Il Tassi è condannato: può scegliere se scontare la sua pena in carcere oppure essere mandato in esilio. Cuor di leone opta per l'esilio, senza però mai allontanarsi davvero da Roma, dove rimarrà sotto la protezione di alcuni suoi ricchi committenti.

Ad andarsene è Artemisia, in un'infinità di modi diversi. Il giorno successivo alla sentenza va in moglie a un marito che il padre ha individuato per lei (Pierantonio Stiattesi, pittore mediocre, pieno di debiti, pronto a sposarla in cambio di una cospicua dote), e con lui lascia la casa, la bottega, persino la città. Si trasferisce a Firenze.

Sembra una maledizione, una vecchia storia che ancora oggi si ripete: la vittima costretta ad abbandonare tutto poiché la violenza che ha subito la compromette. Invece è la sua fortuna.

Pochi mesi prima Orazio ne aveva azzeccata una. Consapevole del fatto che solo il talento avrebbe potuto tenere a galla la figlia, aveva scritto alla granduchessa di Toscana presentando Artemisia come un fenomeno: "Questa femina, come è piaciuto a Dio, avendola drizzata nelle professione della pittura, in tre anni si è talmente appraticata che posso adir de dire che hoggi non ci sia pare a lei, havendo per sin adesso fatte opere che forse i principali maestri di questa professione non arrivano al suo sapere".

Potrebbe sembrare un tenero giudizio paterno, offuscato dal sentimento, ma non è così.

Sappiamo che già nel 1611 Niccolò Bedino, uno degli assistenti della bottega di Orazio, miscelava i colori solo per Artemisia.

E Roberto Longhi, uno dei maggiori conoscitori di Caravaggio, di lei ha scritto: "L'unica donna in Italia che abbia mai saputo che cosa sia pittura e colore, e impasto, e simili essenzialità".

Soprattutto, però, abbiamo i dipinti.

Libera da tutti i vincoli posti dalla bottega e dall'influenza di Orazio, la nostra si installa a Firenze, dove diventa amica di Cosimo II de' Medici e protetta di Michelangelo Buonarroti il Giovane, nipote del Michelangelo che ha affrescato la Cappella Sistina. Per lui dipinge un nudo di donna talmente conturbante che il Giovane, qualche anno dopo, sentirà il bisogno di farlo rivestire.

Prima donna nella storia a essere ammessa all'Accademia delle Arti e del Disegno di Firenze fondata dal Vasari, diventa una sorta di attrazione: i nobili, incuriositi, pagano non solo per le sue opere, ma per vederla lavorare. Lei acconsente: trasformare se stessa in un'attrazione o meglio in una performance *ante litteram* per poter incassare quanto le spetta è un compromesso tutto sommato accettabile. Quello che conta è che adesso è finalmente libera e va a prendersi tutto: successo, fama, ricchezza.

Lieto fine? Sì, ma dura poco. La responsabilità anche in questo caso è di un uomo. Il marito, il buon Stiattesi, capito che potrà serenamente campare di ciò che guadagna la consorte (basta lasciarla fare e non metterle i bastoni fra le ruote), smette di dipingere e si trasforma nel suo manager. D'altronde all'epoca una moglie può ricevere commissioni e denaro solo attraverso una figura maschile e Stiattesi, come protettore legittimo, non vede l'ora di sfruttare il talento di

Artemisia. Solo che non è capace, non sa gestire il denaro, ha uno stile di vita smisuratamente più dispendioso di quel che sono i pur ingenti guadagni della pittrice. I conti cominciano a non tornare, carpentieri e bottegai battono cassa, e nel 1620 Artemisia deve appellarsi alla benevolenza di Cosimo per alcuni debiti cui non riesce a fare fronte. Non può più delegare il marito ma non può nemmeno occuparsi di tutto in prima persona: non l'ha mai fatto, non sa come fare. Chiede aiuto. Per una volta, sa anche a chi rivolgersi: lui è Francesco Maria Merighi, nobiluomo nonché suo appassionato amante clandestino. Perché, finalmente, anche ad Artemisia è stato dato conoscere l'amore sotto forma di passione, un sentimento libero da tutte le implicazioni che le sue relazioni precedenti prevedevano: il controllo paterno, la dominazione del Tassi, gli infiniti doveri nei confronti dei figli. Quello per il Merighi è un amore e basta, un fuoco che divampa. Ma nel 1621 Artemisia, pressata dai debiti e dai pettegolezzi sulla sua relazione adulterina, decide di fare ritorno a Roma. La lontananza, però, non spegne il sentimento. Lo testimoniano i plichi di lettere autografe che i due amanti si sono scambiati, in cui le promesse d'amore si intrecciano all'estenuante bisogno di Artemisia di affermare il proprio status di signora, di donna indipendente e rispettabile, capace di farcela da sola, producendo "una pittura di forte impasto, di un tuono, e di un'evidenza, che spira terrore".

Da Roma, dove si installa in via del Corso con Prudenzia, unica sopravvissuta dei quattro figli avuti dallo Stiattesi, e alcune domestiche, Artemisia si sposta spesso: frequenta la corte dei Dogi, i palazzi nobiliari della repubblica marinara di Genova, trascorre un periodo a Londra lavorando con il padre a un ultimo progetto comune. Fa cose, vede gente. In barba agli scandali di cui è costellata la sua vita, costruisce un network di altissimo livello: conosce i maggiori pittori del suo tempo, dipinge senza tregua, a volte giorno e notte, e piazza le sue opere con la stessa grinta di un broker. Accusa i compratori di sottovalutarla in quanto donna ("il nome di donna fa stare in dubbio finché non si è vista l'opera" riflette amaramente) e non manca di chiedere pagamenti coerenti con il reale valore del suo lavoro. Ha ragione: quale sarebbe la correlazione tra il sesso di chi ha dipinto e la qualità della pittura? Una volta terminati, i quadri, i ritratti, le allegorie non cominciano forse a esistere per sé, a emanciparsi dal proprio autore, come fanno i figli?

Oggi tutto ciò suona scontato, nel Seicento di scontato c'era solo che le donne dovessero rimanere chiuse nel loro mondo – quello della casa, del massacrante lavoro di cura invisibile ma necessario a far campare la famiglia con decenza e a mandare avanti la specie. L'esterno, con le sue meraviglie e i suoi casini, era riservato agli uomini. Mondo di dentro e mondo di fuori, buio e luce, come in un dipinto di Caravaggio.

Grazie al suo talento, alla sua determinazione, alla sua ambizione, Artemisia varca un confine: si sposta dal buio della bottega e della casa in piena luce. Scrive su tutti i dipinti il suo nome, corredato dall'inoppugnabile F di *fecit*, che i posteri non abbiano dubbi sulle attribuzioni.

Per questo legioni di femministe l'hanno scelta come musa ispiratrice. Protofemminista, è stata definita. Comprensibile e legittimo ma limitante: non possiamo guardare alle eroine che sceglie di immortalare sulla tela, le Giuditte, le Betsabee, le Cleopatre, solo come ad affermazioni dell'identità di genere dell'autrice, o a una vendetta perenne nei confronti della violenza subita, rischieremmo di perdere di vista il valore delle opere in sé e trascurare il fatto che siano state dipinte da mano capace, che sia di uomo o di donna. E più di ogni cosa è la sua bravura che Artemisia vuole vedersi riconosciuta. Le era impossibile concettualmente superare del tutto il modello maschile: per sottolineare la validità del suo stile espressivo, infatti, scriveva che in lei c'è "un animo di Cesare nell'anima d'una donna". Affermazione che farebbe rabbrividire qualsiasi femminista ma che per una ragazza del Seicento è un passaggio di crescita rivoluzionario. In quel mondo, infatti, la forza degli uomini aveva cento voci, quella delle donne era muta, oppure zittita. La "pittora" non aveva quindi altro modo di sentirsi forte se non quello di pensarsi capace e libera come un uomo.

Guardiamo all'ultimo periodo della sua vita: è a Napoli, dove ha aperto una bottega redditizia, ma è anche sommersa dai conti da pagare. Perché dipingere costa. Costano le materie prime, i pigmenti, le tele, costano i collaboratori, le spese sono alte anche "per tenere queste femine ignude", come scrive a don Antonio Ruffo, ricchissimo uomo d'affari siciliano nonché suo committente. E poi deve mantenere la casa, la servitù, mettere da parte una dote per la figlia: tutti problemi che, al tempo, affrontavano solo gli uomini.

E così Artemisia, per sopravvivere come artista, si trasforma anche in un'abile manager, affrontando difficoltà a cui le donne non erano state preparate, né allora né poi con i famigerati corsi dell'inutile Economia domestica.

Non è solo il talento artistico a suscitare la mia sconfinata ammirazione per lei, ma anche l'incredibile tenacia con cui è riuscita a conquistare la sua indipendenza economica, superando ostacoli allora insormontabili per il genere femminile. Non dobbiamo mai sottovalutare che ancora oggi è questa la madre di ogni battaglia per raggiungere una vera emancipazione. Io l'ho chiaro in mente dal giorno in cui mia zia Lella, costretta a navigare in cattive acque per la pessima amministrazione familiare del marito, mi ha rinchiuso in una stanza e, puntandomi contro un dito con fare minaccioso, ha dichiarato categorica: «Ricordati di non dipendere mai economicamente da un uomo, per nessuna ragione al mondo!». Ero appena adolescente e non l'ho mai dimenticato.

Chi non avesse avuto il privilegio di avere in famiglia un mentore come zia Lella può sempre rivolgersi ad Artemisia, che nella prima metà del Seicento ha già messo in pratica il primo comandamento femminista imparando a fare tutto da sola. Del marito, tra l'altro, si perde ogni traccia: è una condizione eccezionale, che le offre molti vantaggi, primo fra tutti, non essere mai più una vittima e, al tempo stesso, liberarsi del ruolo di musa passiva, che la costringeva a incarnare una figurina bidimensionale interessante solo per la linea delle guance o del mento. Finalmente può essere appieno se stessa e mantenere con orgoglio la promessa che aveva fatto al suo committente, Antonio Ruffo, ovvero fargli vedere "quello che sa fare una donna".

Due dipinti raccontano bene questo passaggio, due autoritratti.

Il primo risale al 1615, tre anni dopo il processo, e si intitola significativamente *Autoritratto come martire*. È una tavoletta di poche decine di centimetri, in cui Artemisia si ritrae con un turbante blu lapislazzuli (il colore più prezioso di tutti) e, in mano, la palma del martirio. È un simbolo di sacrificio, perché si pensava che la palma morisse nel generare i suoi frutti. Ci si aspetta che i frutti generino poi altre palme, ma insomma, da una morte bisogna passare.

Mi piace pensare che Artemisia, quando si è ritratta con il volto così spento, lo sguardo tra il rassegnato e il rancoroso – lo sguardo di una prigioniera – sapesse che un giorno non troppo lontano dal suo dolore sarebbe nata una vita straordinaria, e infine una donna nuova. Moderna più di quanto potesse concepire. Tra tutte le conquiste a cui miriamo il riconoscimento dell'autorevolezza in campo lavorativo è sicuramente la più ambita, il Sacro Graal di ogni rivoluzione femminista, spesso ancora oggi una chimera irraggiungibile. E Artemisia alla fine l'ha ottenuta in pieno, diventando per me una musa indiscutibile dell'intraprendenza.

È così che si dipinge nell'*Autoritratto come allegoria della Pittura* (1638-1639), capolavoro esposto oggi a Kensington Palace. Una donna adulta, audace, che trasuda opulenza e successo: sul capo, a contenere le chiome ribelli, una corona d'alloro; addosso sete e pizzi, e al collo una catena d'oro che pende su un petto mostrato con orgoglio. Sulla tela il ritratto dell'unico amore, il Merighi. Sul volto un mezzo sorriso di soddisfazione, forse di sfida. Lo sguardo penetrante interroga lo spettatore, dritto, senza ritrosia. Domanda: "Lo vedi, cosa so fare? Ti rendi conto, vero, che saprei farlo anche a occhi chiusi?".

SOTTO LA MASCHERA

I segreti delle muse del cinema

Come ha potuto uno scricciolo con un visino quasi infantile illuminato da due occhi furbi diventare una musa del cinema? Niente labbra sensuali, né lunghe gambe vellutate da mostrare sulle copertine delle riviste glamour dedicate alle dive; nessuna avventura intrigante e un po' pruriginosa da trasformare in gossip a beneficio del pubblico. Eppure una piccola donna con un fisichetto sparuto e l'aria da vagabonda è passata alla storia come la musa prediletta di uno dei più grandi registi di sempre, che l'ha ringraziata commuovendo il mondo intero – ma soprattutto lei – quando ha conquistato l'ultimo Oscar, quello alla carriera, per la precisione il quarto di una lunga epopea in cui lei gli è sempre rimasta accanto.

Non ero ancora nata mentre Giulietta Masina otteneva i primi onori cinematografici ed ero ancora una bambina quando in *Giulietta degli spiriti*, la prima pellicola a colori di Federico Fellini, inseguiva i suoi fantasmi fluttuando sullo schermo con in testa uno strano cappello a forma di scodella rovesciata. Ero invece ormai trentenne all'uscita di *Ginger* e *Fred*, l'ultimo film che ha girato insieme al marito, e lì per lì – come molti – non l'ho apprezzato in pieno; eppure era un sarcastico affresco sul nascente mondo delle televisioni private, forse troppo avanti sui tempi, come spesso è capitato al regista romagnolo. A quell'epoca non avevo ancora visto *La strada* né *Le notti di Cabiria*, non mi interessava Giulietta Masina. Anzi, proprio non mi piaceva. Forse perché mi ricordava mia madre: una signora borghese con la permanente fissata dalla lacca, seduta su un divano capitonné sempre in attesa del marito per cena, comunque pronta ad accoglierlo con il sorriso sulle labbra, anche quando lo sapeva di ritorno da qualche avventura galante. Donne pazienti e imperturbabili, capaci di superare tradimenti seriali e interminabili elenchi di bugie, ma non di sopportare la vista di un soprammobile fuori posto. Niente a che vedere con le muse eversive e audaci che stimolavano la mia immaginazione.

Poi, una sera, un amico cinefilo mi ha trascinato a una rassegna rétro e ho scoperto *Gelsomina, Cabiria* e le altre... Allora ho capito perché Fellini non poteva vivere senza il suo "spippolo", come chiamava giocosamente Giulietta, che in dialetto romagnolo vuol dire "piccolo e delicato come un uccellino". Mi sono resa conto da quel momento che il musismo può avere molte sfaccettature, tante quante le innumerevoli personalità femminili che al tempo nascondevo accuratamente per proteggere la mia fragilità.

Le figurine eteree interpretate da Giulietta Masina nei suoi due film da Oscar insieme a Fellini (ma anche in tante altre pellicole, da *Luci del varietà* di Alberto Lattuada a *Fortunella* di Eduardo De Filippo) non hanno niente a che vedere con l'opulenza delle maggiorate o la malizia delle *femmes fatales* che affollano gli schermi di quegli anni. Sono inaspettate presenze poetiche che, grazie anche a una fisicità quasi fanciullesca dalle movenze simili a quelle di un clown, fanno della tenerezza una forza: il risultato è talmente straordinario che Charlie Chaplin, notoriamente avaro di complimenti, con ammirazione ha paragonato i personaggi di Masina al suo Charlot. L'attrice-musa di Fellini tratteggia quasi a matita delle donne ingenue e all'apparenza indifese che, nonostante la crudeltà di una controparte maschile senza scrupoli, continuano a irradiare una luce positiva sul mondo. E alla fine, non si sa com'è, vincono sempre, pur perdendo ogni battaglia dell'esistenza.

Così succede anche in *Giulietta degli spiriti*, che sono prontamente andata a recuperare fuori tempo massimo, e attraverso la storia dei turbamenti di una signora borghese di mezza età mi sono riconciliata con mia madre. Con il suo cappello a scodella Giulietta affronta i traumi dell'infanzia, si sottopone a surreali sedute spiritiche, fronteggia le amanti sensuali e burrose del marito e le suorine della sua educazione cattolica senza fare un plissé, e dopo tutto trova la forza di emanciparsi da ogni costrizione in un epilogo felliniano di rinascita in cui, vestita di bianco, va incontro al mare da sola sospinta dal vento. Nel film la vita privata della signora Fellini s'intreccia con la finzione cinematografica, lo sappiamo bene ora che non ci è stato risparmiato nessun dettaglio delle *liaisons* amorose del regista. Nella vita vera, invece, Giulietta non se ne va e, come un'eroina inossidabile, mette in fuga i suoi demoni restando per sempre accanto al marito. Anche mia madre, pur avendone tutti i motivi, non si è mai allontanata, e io l'ho capita solo quando ho visto quel film, sospendendo da allora ogni giudizio.

Certo, avrei preferito vederla impugnare una scimitarra in tuta acetata gialla con scarpe Asics Tiger *en pendant*, come la musa vendicatrice di Quentin Tarantino in *Kill Bill*, ma ogni volta che auspicavo vestisse i panni di Uma Thurman mamma rappariva con la piega fresca di parrucchiere sottobraccio a Giulietta con il cappello a scodella, ambedue pronte a giustificare, a ingoiare bocconi amari e a perdonare qualsiasi infedeltà mentre sprimacciavano nervosamente i cuscini del salotto. La verità è che dentro ognuna di noi alberga una Giulietta, l'importante è saperla riconoscere, se non altro per non farle prendere il sopravvento. Grazie a Federico Fellini ora lo so.

La bellezza delle muse del cinema risiede proprio nella loro infinita varietà, una ricchezza di caratteri che ci ha permesso nel tempo di immedesimarci in donne ideali o evitare modelli insopportabili. Un inesauribile catalogo di personalità diverse particolarmente utili quando si è molto giovani e all'affannosa ricerca di un esempio che ci aiuti a crescere superando indenni la temibile linea d'ombra dell'adolescenza.

Questa abbondanza di potenziali immedesimazioni mi pare oggi impoverita: le nuove muse di TikTok sembrano ricalcare all'infinito lo stesso stereotipo privo di fantasia che spesso minaccia la traballante autostima delle nuove generazioni. Forse gli anni che passano non permettono a chi è nato nel Novecento di comprendere a fondo la contemporaneità, e per questo sono pronta a fare un passo indietro, ma so anche di aver sfoggiato sempre con orgoglio le mie occhiaie grazie alla bellezza fuori dai canoni di Anna Magnani; di aver compreso la potenza dell'ironia dopo aver visto

Franca Valeri chiamare "cretinetti" Alberto Sordi nel film *Il vedovo*; mentre Monica Vitti ha dimostrato a tutte noi – in un perfetto teorema matematico – che bellezza e intelligenza non sono due rette parallele che non s'incontrano mai, come ci hanno invece raccontato per secoli. Diversamente dai social, il cinema ci offre una musa per ogni gusto e ogni stagione; come in un rito propiziatorio possiamo idealmente appendere un poster della nostra preferita nella cameretta dell'anima, tra cianfrusaglie psicologiche e altri pensieri magici che ci aiutano ad affrontare con più determinazione le battaglie della vita.

Nonostante queste convinzioni filosofiche, non capivo perché la mia cara amica del liceo Luisa Alfieri, provetta ricercatrice con ben due master all'attivo, avesse appeso nel salotto di casa una locandina del film *Estasi*, una delle interpretazioni più scabrose di Hedy Lamarr. La diva hollywoodiana degli anni Quaranta, nota come "la donna più bella del mondo", mi guardava con labbra tumide e peccaminose dall'alto della libreria Billy imbottita di tomi scientifici, ultimo arredo acquistato da Luisa per la nuova casa, dove mi aveva invitato a cena. Ci eravamo riviste dopo una decina d'anni grazie a una pura casualità e ora sorseggiavamo un bicchiere di vino accompagnato da risate e buffi ricordi della scuola, cercando di riassumerci a vicenda il tempo scivolato su di noi, come direbbe Francesco Guccini, grande esperto di nostalgie. Alfieri non era invecchiata, indossava ancora comodi jeans e camicie dal taglio maschile, aveva cambiato solo la montatura degli occhiali (adesso portava un modello più di tendenza), ma l'aspetto generale rimaneva quello di un'arguta e simpatica nerd, come si dice oggi.

È un dono della vita ritrovare una bella amicizia che credevamo perduta e in un attimo, come per incanto, riacquistare la complicità delle confidenze e ritornare ragazze. Ma lo sguardo intenso di Hedy Lamarr, che mi fissava con gli occhi bistrati, mi metteva a disagio: una nota stonata che m'impediva di godermi appieno la serata. Alla fine gliel'ho dovuto chiedere: «Senti Luisa, ma Hedy Lamarr...?», domanda evasiva seguita da un silenzio interrogativo velato d'ironia. Alfieri, serissima, mi ha risposto d'un fiato: «È la mia musa di riferimento, non lo sapevi?». No, non lo sapevo e adesso volevo sapere tutto. E la mia amica, come se non aspettasse altro, ha cominciato a raccontarmi la storia incredibile e a me sconosciuta di questa diva a me sconosciuta, di cui conservava il ritratto al pari di un nume tutelare accanto ai libri che l'avevano resa una scienziata.

La carriera di Hedy Lamarr si apre con uno scandalo, quando appare completamente nuda in *Estasi*, pellicola del 1933 diretta dal regista ceco Gustav Machatý. Era la prima volta che sugli schermi si vedeva un corpo nudo di donna, per l'epoca un fulmine a ciel sereno. Come se non bastasse la fanciulla, appena diciottenne, simulava il primo orgasmo della storia del cinema in un amplesso amoroso, interpretando peraltro una moglie fedifraga che aveva abbandonato il marito: ce n'era abbastanza per scatenare gli strali della censura ed *Estasi* infatti fu prontamente ritirato dal mercato, ma non sparì, e anzi accompagnò come un fantasma tutta la carriera e la vita futura dell'attrice.

In realtà la giovane dal fascino magnetico, che al tempo si chiamava ancora Hedwig Kiesler, è la diligente allieva di una scuola di teatro, nata e cresciuta a Vienna in una famiglia ebrea borghese e benestante: il padre direttore di banca, la madre una promettente pianista che ha abbandonato la carriera per dedicarsi alla vita domestica. Questo primo film viene considerato un incidente di percorso dovuto all'entusiasmo e all'ingenuità di Hedwig che, perdonata dai genitori, ritorna in carreggiata scegliendo ruoli più consoni a una ragazza rispettabile. Il suo debutto, nello stesso anno, al prestigioso Teatro di Vienna nella parte tutto sommato patriottica della principessa Sissi è un trionfo e una redenzione. Hedwig non solo è brava ma possiede una bellezza mozzafiato, quasi sovrannaturale: più che una donna, ogni volta che esce sul palco sembra un'apparizione. I suoi lineamenti perfetti e l'incarnato di porcellana illuminato da due occhi verdi da gatta selvaggia mandano in visibilio il pubblico, specialmente quello maschile, e un'orda di corteggiatori fa la fila ogni sera davanti al suo camerino. Il più assiduo è un certo Friedrich Mandl, uomo ricchissimo dalla pessima fama, più conosciuto come "mercante di morte" a causa di un fiorente commercio di armi da guerra che senza scrupoli vende ad amici e nemici dell'Austria, anche se il paese è già nelle mire del nascente partito di Hitler. A ogni replica Mandl riversa dozzine di rose ai piedi di Hedwig, dichiarandole con insistenza amore eterno. La futura Hedy Lamarr forse non l'avrebbe mai considerato come pretendente ma la tempesta politica che si sta abbattendo sull'Europa, e in particolare sulla popolazione ebrea, la spinge a questa unione.

Vuole proteggere i suoi genitori da un futuro nefasto, e soprattutto tutelare il padre, con cui ha un rapporto privilegiato e una grande sintonia intellettuale; è lui che, notando la brillante intelligenza di Hedwig, la spinge a coltivare gli interessi più vari, dalla politica alla scienza; e la ragazza, arguta e curiosa, divora ogni volume della ricca biblioteca familiare. La madre invece è una donna brusca e anaffettiva, forse avrebbe preferito un maschio e non fa che punire la figlia, privandola di affetto e complimenti: una ferita che segnerà l'attrice per sempre.

Nei primi sei mesi del 1933, con un'accelerazione straordinaria il Führer conquista il potere assoluto in Germania e comincia a emanare le leggi liberticide e gli odiosi decreti che saranno le fondamenta portanti del suo regime. Gli ebrei viennesi sentono soffiare questo nuovo vento minaccioso e cominciano a temere per il loro destino; sanno che prima o poi la voracità del Terzo Reich non risparmierà la dolce Austria, dove purtroppo già cominciano a svilupparsi le prime simpatie per il dittatore nazista.

Nell'agosto dello stesso anno Hedwig, più per mettere al riparo la famiglia che per un vero innamoramento, pronuncia quindi il fatidico "sì" e si lega all'uomo più ricco e potente del paese. Il matrimonio viene celebrato in gran pompa e la nuova signora Mandl prende possesso delle numerose ville e castelli di proprietà del marito insieme a un guardaroba principesco, arricchito da pellicce e parures di gioielli. Ma quella che sembra una favola si trasforma presto in un racconto horror.

Mandl, più grande di quattordici anni e geloso fino alla follia, le impone di rinunciare alla sua carriera cinematografica; addirittura ricompra e fa distruggere ogni copia ancora in circolazione di *Estasi*. Nessuno potrà più vederla in quelle scene scandalose. Il potente industriale considera la moglie una proprietà privata, alla pari di un bel quadro o un arredo di pregio da mostrare nelle serate di gala ai suoi facoltosi amici, e a Hedwig non rimane che un solo ruolo da recitare: quello di un'attraente statuina senza opinioni né interessi. Più che la donna, Mandl ha sposato la sua bellezza, un capitale prezioso che la giovane moglie comincia a odiare. "La mia faccia è stata la mia sfortuna" scriverà amaramente anni dopo, descrivendola come una maschera che non poteva rimuovere: "Devo vivere con lei e la maledico". Un'affermazione sicuramente sopra le righe che rispecchia la teatralità del personaggio, ma è proprio il conflitto tra la sua straordinaria bellezza e un'intelligenza altrettanto sorprendente a rendere questa musa così originale. O almeno è quello che afferma perentoria Luisa Alfieri mentre mi versa l'ennesimo bicchiere di vino e io, totalmente rapita dalla storia, non posso che scongiurarla di andare avanti.

Per Hedwig il matrimonio è ormai una prigione dorata che la sta facendo impazzire, vive ostaggio di un marito umorale e spesso violento che mortifica ogni sua iniziativa al di fuori dei compiti di buona padrona di casa. Ma è proprio assistendo impassibile ai convivi con politici e potenti, che davanti a lei parlano liberamente, considerandola poco più che un soprammobile, che la giovane sviluppa un forte interesse per le strategie militari. Mentre sorridendo riempie i calici ai suoi invitati, fasciata da toilettes eleganti e ricoperta di pietre preziose, annota ogni dettaglio su missili e munizioni che il marito produce nelle sue fiorenti fabbriche e assorbe informazioni su limiti e applicazioni dei nuovi dispositivi bellici. Quando si ritrova da sola, nei lunghi pomeriggi di noia comincia a sviluppare le ricerche scientifiche che l'appassionano più di ogni mondanità. Come è noto, le nuvole nere che si addensano sul cielo d'Europa stanno per esplodere nella tempesta che i più lungimiranti avevano previsto. Nel 1935, quando in Germania vengono emanate le leggi di Norimberga, per la popolazione ebrea non c'è più scampo: anche chi non professa la religione ma ha almeno tre nonni ebrei è escluso dalla vita pubblica e viene di fatto privato della cittadinanza. Con il solito spauracchio ormai tristemente famoso della "sostituzione della razza" (teoria rispolverata a uso e consumo di ogni nuovo razzismo), decreto dopo decreto viene messa in atto per legge l'"arianizzazione" del popolo tedesco: una follia discriminatoria che lentamente, dopo aver tolto agli ebrei e ad altre minoranze ogni diritto, incluso quello più basilare di guadagnarsi da vivere, apre le porte alla segregazione e a quella che i teorici del nazismo chiamavano "la soluzione finale", ovvero lo sterminio definitivo dei non ariani nei campi di concentramento.

Hedwig non legge queste notizie sui giornali: le sente a tavola tra un bicchiere di champagne e l'altro e da attrice consumata mentre simula indifferenza tiene a mente ogni particolare. Tra i suoi ospiti figurano sempre più spesso esponenti delle alte gerarchie naziste e addirittura Benito Mussolini in persona, al quale il marito offre le armi per invadere l'Etiopia. La vita della signora Mandl è arrivata a un punto di non ritorno: ora, quando la sera si toglie la maschera di moglie affascinante, non le basta più approfondire la sua curiosità scientifica, ma comincia a studiare nei minimi dettagli un piano altrettanto scientifico per darsi alla fuga.

Alla morte dell'adorato padre si sente finalmente libera di agire. Una notte, simulando un malore, si allontana da una delle tante cene sontuose e, travestita da cameriera, attraversa il cancello della villa. Come una ladra si allontana nel buio portando con sé solo pochi vestiti e qualche gioiello, che pensa di rivendere per affrontare il viaggio. Ha cercato di convincere l'austera madre a seguirla, ma la donna è stata irremovibile, non abbandonerà mai l'Austria. A Hedwig non resta che lasciarsi tutto alle spalle.

Grazie all'aiuto di altri ebrei già fuoriusciti dal paese, riesce ad arrivare a Parigi e poi a Londra, dove molti attori e registi – ai quali è stato impedito di lavorare – si sono radunati per cercare di spiccare il volo verso l'America. E proprio nella capitale inglese si trova in visita il famoso produttore Louis B. Mayer, alla ricerca di nuovi talenti europei da mettere sotto contratto per le produzioni della prestigiosa Metro Goldwyn Mayer. Sicuro del suo fiuto, il magnate spera di scoprire la nuova Greta Garbo o di ingaggiare un abile regista a poco prezzo tra i tanti pronti a tutto pur di sfuggire alla furia nazista. Hedwig ottiene un appuntamento, indossa l'unico abito elegante che le è rimasto e ricostruisce con un trucco sapiente l'immagine irresistibile del suo fascino. Quel viso che considera una maledizione ora è la sua risorsa più preziosa.

Mayer è abbagliato dall'aspetto e dalla personalità della giovane ragazza e subito le propone un contratto alla paga più bassa degli Studios. Ma Hedwig ha deciso di vendere cara la sua bellezza. Con grande sorpresa del produttore, la donna meravigliosa che ha davanti è anche una scaltra negoziatrice che, con un'arguta parlantina dal forte accento straniero e argomenti inoppugnabili, riesce a strappargli un ingaggio da star. Il più è fatto: ora bisogna solo imparare perfettamente l'inglese, trovarsi un nome facile da pronunciare e, soprattutto, da scrivere sui manifesti dei numerosi film che intende interpretare. D'ora in poi sarà Hedy Lamarr e il passato sembra cancellato per sempre.

Pensavo che con questo coraggioso *happy ending* la storia fosse finita ma Luisa Alfieri, che per fortuna possiede una bella scorta di vino, mi consiglia di mettermi comoda perché questo è solo il prologo, anche se ai miei occhi le avventure intrepide della diva austriaca potrebbero già riempire almeno sette delle nostre vite più o meno normali.

In California il sole è abbacinante e Hedwig, abituata ai chiaroscuri della vecchia Austria, fa fatica a tenere gli occhi aperti, ma con diligenza si sottopone alle lunghe sedute di trucco necessarie ad affrontare il set. Le prime parti che le vengono offerte non sono entusiasmanti e ricalcano gli stereotipi femminili che l'industria hollywoodiana assegnava allora alle bellezze straniere. Non a caso nel 1937 esordisce con Il Bandito della Casbah, una versione americana di Pépé le Moko, dove è una donna conturbante e misteriosa che si aggira appunto per la casbah di Algeri inspiegabilmente vestita da sera. Nonostante sia un'interpretazione quasi da cinema muto – tutta sguardi e movenze feline – l'impatto sul pubblico è straordinario e Hedy Lamarr subito entra a pieno titolo nel firmamento delle stars, etichettata ad arte dalla casa di produzione come "la donna più bella del mondo".

Hedwig ha sfondato e lavora a pieno ritmo impersonando una dietro l'altra una serie di *femmes fatales* dal fascino impenetrabile che, al pari di un superpotere, fa capitolare per magia qualsiasi uomo. La realtà d'altra parte non sembra essere tanto distante dalla finzione se George Sanders, suo partner in *Venere peccatrice*, dichiarava convinto: «Era così bella che, ogni volta che entrava in una stanza, chiunque smetteva all'istante di parlare».

A conti fatti, Lamarr è ancora una volta una bella statuina obbediente, costretta a porgere la bocca tentatrice non più a beneficio degli ospiti del marito ma della cinepresa. Il risultato per lei non è molto diverso, in cambio però ha conquistato la libertà e l'indipendenza economica, un progresso non di poco conto. Visto il successo crescente, l'attrice comincia a lottare per ruoli che esaltino anche le sue qualità recitative, una vecchia battaglia che ancora oggi le giovani interpreti sono costrette a combattere con fatica.

Lavora con stelle di prima grandezza come James Stewart, Clark Gable e Spencer Tracy, e naturalmente appare su tutte le riviste in foto patinate che esaltano il suo ovale perfetto, le sopracciglia disegnate ad ala di rondine e i capelli corvini con la famosa scriminatura al centro: un look che diventa di moda e che tutte le ragazze americane vogliono imitare.

Siamo ormai alla vigilia della Seconda guerra mondiale e, appellandosi ai nuovi amici influenti degli Studios, la diva cerca in ogni modo di farsi raggiungere dalla madre, che dopo l'annessione dell'Austria alla Germania si è finalmente decisa a partire.

Hedwig è sconvolta dagli eventi, non riesce a capire come i suoi concittadini abbiano potuto accogliere Hitler a braccia aperte invece di combatterlo fino all'ultimo sangue. Le notizie da casa sono sempre più sconfortanti e l'unica consolazione è condividerle con il circolo degli altri espatriati: attori, registi, sceneggiatori e musicisti che sono stati costretti a lasciare l'Europa per sfuggire alle persecuzioni. Questo gruppo di intellettuali talentuosi diventa la sua nuova famiglia e insieme a loro segue con la morte nel cuore le vicende che affliggono i paesi sull'orlo del conflitto. Hedwig cela la sua disperazione dietro l'immagine sorridente che offre al pubblico, si sente in colpa per la vita agiata e brillante che conduce dall'altra parte del mondo e decide di impegnarsi per contribuire, nel suo piccolo, alla lotta contro l'infernale regime di Hitler.

E qui la vicenda prende una piega inaspettata, almeno per me. Ancora mi riesce difficile credere che una star, passata alla storia per un carattere umorale e una quantità sterminata di matrimoni e divorzi, nascondesse in realtà uno straordinario talento in campo scientifico, motivo per cui ora il suo ritratto troneggia sulla libreria Ikea della mia amica Luisa Alfieri.

Siamo abituati a figurarci gli inventori – o, nel nostro caso, le inventrici – come personaggi un po' svitati in grado di immaginare marchingegni incredibili che, come per incanto, possono cambiare le sorti dell'umanità: l'unica bellezza prevista, qui, è quella dei loro disegni. Eppure questa è la vera personalità di Hedy Lamarr, una donna che ogni giorno alla fine delle riprese, smessi gli abiti conturbanti della seduttrice, ritorna nella sua villa hollywoodiana, abbassa le serrande per filtrare la luce e, in jeans e maglietta, si dedica con impegno alle ricerche che la stanno ossessionando.

Forte della curiosità coltivata con il padre e memore delle nozioni che ha acquisito durante le cene con le alte gerarchie militari, Hedwig lavora a una tecnica rivoluzionaria per permettere ai siluri degli alleati di non essere intercettati dal nemico. Da tempo ha capito che il punto debole della strategia bellica riguarda proprio l'estrema facilità per i nazisti di interferire con le traiettorie balistiche, mandando a vuoto gran parte dei lanci, con un inaccettabile spreco di munizioni.

Siamo nel 1940 e la donna più bella del mondo sta studiando un sistema radiocomandato a distanza che all'epoca ancora non esiste: si tratta di un metodo ultrasofisticato che consente alle frequenze radio di cambiare in continuazione – come in una melodia improvvisata al pianoforte – con un ripetuto "salto di frequenza" capace di ostacolare ogni possibile intercettazione da parte delle forze avversarie. «In sintesi un'arma micidiale, oltre che molto innovativa. Tanto che la sua folgorante intuizione oggi è alla base non solo delle più moderne apparecchiature militari ma di tutta la tecnologia che ci circonda» sottolinea Luisa Alfieri con voce quasi commossa, mostrandomi con orgoglio le sue cuffie bluetooth, che senza il colpo di genio di Lamarr chissà se avrebbero mai visto la luce. E io, ormai soggiogata, non posso che condividere la sua emozione.

Una sera la star incontra in casa dei soliti amici il musicista George Antheil, e il cerchio si chiude. Antheil è noto per il suo lavoro d'avanguardia vicino alle sonorità inaugurate da Igor' Stravinskij; casualmente Hedwig aveva ascoltato a Vienna una sua composizione, *Ballet Mécanique*, in cui dodici pianoforti sincronizzati con un procedimento a distanza, messo a punto da Antheil in persona, suonavano da soli. Il ricordo di queste pianole meccaniche comandate da una sequenza preordinata spinge l'attrice a confidare i suoi esperimenti al nuovo amico; è convinta che insieme a lui potrà completare la sua ricerca e questa ennesima illuminazione si rivela determinante. I due si mettono al lavoro per verificare tutti i dettagli di un'invenzione che potrebbe cambiare le sorti della guerra, e nel frattempo una terribile notizia li spinge ad accelerare i loro studi.

Il 17 settembre 1940, la nave inglese *City of Benares* è bombardata e affondata da un sommergibile U-boot nazista mentre sta trasportando verso il Canada un centinaio di bambini evacuati da Londra. Winston Churchill aveva affidato ad alcune imbarcazioni la missione di portare i piccoli al sicuro, lontano dai bombardamenti tedeschi: erano soprannominate le "navi della salvezza", e i genitori si separavano speranzosi dai figli pur di allontanarli dalla guerra. Purtroppo dal disastro della *City of Benares* si salvano soltanto tredici bambini. La drammatica notizia fa subito il giro del mondo suscitando rabbia e commozione, e sono proprio questi sentimenti a spronare Hedwig e il suo compagno di lavoro a intensificare i loro esperimenti. Oggi sembra assurdo anche solo immaginare che un'affascinante diva del cinema e un compositore di musica sperimentale pensassero di fermare Hitler dotando i suoi avversari di una tecnologia avveniristica, eppure loro ne sono convinti e nel dicembre del 1940 presentano al severissimo National Inventors Council il frutto delle loro fatiche, denominato "Sistema di comunicazione segreto per missili radio-controllati", corredato da disegni grafici e un impeccabile studio di realizzazione pratica.

Ciò non impedisce a Hedy Lamarr di lavorare in contemporanea a *Ziegfeld Girl*, uno dei più spumeggianti musical di Robert Z. Leonard e Busby Berkeley, in cui, ricoperta di piume di struzzo, fa sognare il pubblico in compagnia di Lana Turner e Judy Garland. La sua vita è un continuo cortocircuito e mentre volteggia nella ricostruzione cinematografica di uno dei più amati show di Broadway attende con ansia la risposta dell'ufficio brevetti.

Come se non bastasse, nel frattempo continua a progettare altre idee, che le vengono in testa con la stessa facilità con cui improvvisa i suoi passi di danza; e nel poco tempo che le rimane si fidanza, si sposa, adotta un bambino, divorzia e chiede l'affidamento da madre single. Ma la cosa che le sta più a cuore è ottenere l'agognato brevetto, sarebbe un passo molto importante, un lasciapassare fondamentale per sottoporre l'invenzione al War Department americano e finalmente sviluppare la scoperta per scopi militari.

Sta ancora attendendo quando l'America è sconquassata da una tremenda notizia: il 7 dicembre 1941 i giapponesi sferrano l'ormai tristemente famoso attacco alla base di Pearl Harbour e gli Stati Uniti entrano ufficialmente in guerra. Mai come ora la nuova tecnologia inventata da Lamarr e Antheil potrebbe essere vitale.

Mentre sta girando *La sirena del Congo*, uno dei film più assurdi della sua carriera, in cui interpreta Tondelayo, una seducente indigena congolese (!) che fa impazzire gli uomini bianchi, Hedy riceve l'annuncio che tanto aspettava: il "Sistema di comunicazione segreto" per missili radio-controllati ha conquistato finalmente il brevetto. Lamarr, in costumi succinti e con la pelle ricoperta da uno spesso strato di trucco per assomigliare a una donna di colore, è felice come se avesse ricevuto un Oscar. Il film è un flop e ancora una volta gli Studios sfiorano il ridicolo nell'assurda ricerca di un erotismo esotico, costringendo un'attrice bianca a un improbabile camuffamento pur di non ingaggiare afroamericane, latine o asiatiche per i loro legittimi ruoli, operazione per fortuna oggi off limits. Ma tutto questo passa in secondo piano perché Hedy è ufficialmente riconosciuta a pieno titolo come un'inventrice: soddisfazione più grande di qualsiasi successo al botteghino.

La storia qui prende una piega amara perché, nonostante la genialità del suo "sistema", il dipartimento della guerra degli Stati Uniti, dopo un frettoloso esame, scarta ogni possibilità di adottarlo, benché quello in uso fosse ormai obsoleto e la maggioranza dei missili non riuscisse a raggiungere il bersaglio; forse le alte gerarchie militari consideravano troppo costoso cambiare in corsa le vecchie tecnologie. Ma Lamarr, che ha provato più volte a difendere l'invenzione recandosi di persona a Washington per perorare la sua causa, è convinta che ci sia stata un'aperta diffidenza nei confronti di un'acclamata e seducente star del cinema che si era messa in testa di cambiare le sorti della guerra. Non si poteva, insomma, dar credito a una donna, anzi alla donna più bella del mondo, anche se si proclamava una scienziata. Che figura avrebbe fatto l'esercito americano a lanciare missili autografati da Hedy Lamarr?

E così le viene gentilmente consigliato di occuparsi d'altro; se proprio vuole rendersi utile può impegnarsi come tutte le altre attrici volenterose in serate di beneficenza a favore delle truppe.

È una pillola difficile da mandare giù ma Hedy ha un carattere straordinario e le contrarietà della vita invece di abbatterla sembrano caricarla di nuova energia. Così, mentre il suo brevetto ammuffisce sommerso dalle scartoffie militari, lei partecipa realmente a una raccolta fondi per lo stesso ministero della Guerra che non ha voluto credere alla sua intelligenza. Con generosità mette in campo ancora una volta quel fascino seducente a cui nessuno può dire di no e accetta di partire per un tour in cui ogni sera concede un bacio voluttuoso a chi si offre di acquistare almeno venticinquemila dollari di obbligazioni a favore della causa. L'asta ha un successo eccezionale e Lamarr, che ha appena compiuto ventisette anni, diventa un'eroina nazionale, non certo per le qualità che le stanno più a cuore.

Il teorema di Monica Vitti non era ancora stato dimostrato e Hedwig non può che rassegnarsi, continuando a recitare in molte pellicole – non tutte memorabili – e a collezionare nuovi mariti, anche loro non sempre degni di nota. Lo confessa lei stessa nel corso di un'intervista: alla fatidica domanda su quale fosse stato il periodo più felice della sua vita, risponde convinta con un limpido: «Tutti quelli tra un matrimonio e l'altro».

Nonostante l'amarezza per il rifiuto del suo sistema di comunicazione, l'ingegno da inventrice non smetterà mai di accompagnarla: la lista delle domande di brevetto a suo nome è strabiliante e va da un collare fluorescente per cani a una serie di modifiche aerodinamiche per l'aereo supersonico Concorde. Eppure la sua creazione più importante rimane inutilizzata fino al 1958. Alla scadenza del brevetto lo studio diventa finalmente di dominio pubblico e da quei primi esperimenti viene sviluppata un'impressionante quantità di invenzioni che cambieranno la vita sulla Terra.

Le radiofrequenze studiate con passione da Hedy Lamarr troveranno applicazione non solo nelle nuove tecnologie militari e mediche, ma anche nel Wi-Fi, nel bluetooth, nella telefonia mobile e in tanti altri dispositivi che oggi fanno parte della nostra esistenza quotidiana. Eppure nulla è riconosciuto all'attrice, che piuttosto tutti ricordano per l'interpretazione nel kolossal *Sansone e Dalila* (in cui, avvinghiata ai muscoli oliati di Victor Mature, sfreccia su una biga davanti a un fondale di cartapesta) o per i tanti altri film in cui mostra alla cinepresa – quasi fosse vittima di un tic – il suo sguardo conturbante.

Per veder riabilitata la nostra musa bisognerà aspettare la seconda metà degli anni Novanta, quando Dave Hughes, colonnello in pensione dell'esercito americano nonché appassionato di comunicazioni digitali e inventore autodidatta, rispolverando i vecchi brevetti dei pionieri scopre che la Hedwig Eva Maria Kiesler, firmataria del geniale "Sistema di comunicazione segreto per missili radio-controllati", altri non è che Hedy Lamarr, la star di cui è innamorato fin da ragazzo: da quel momento Hughes si adopera per ristabilire la verità storica e rendere all'attrice il merito che le spetta di diritto.

Quando la rintraccia nel pensionato per attori dove vive, in Florida, la diva ha appena compiuto ottantadue anni e non si mostra più in pubblico. La bellezza che aveva considerato una maledizione l'ha abbandonata da tempo e Lamarr ha cercato di riconquistarla a ogni costo, come spesso succede quando qualcosa ti sfugge anche se l'hai sempre disprezzata. Nessuno degli svariati interventi chirurgici a cui si è sottoposta è riuscito a ricreare la magia del suo celebre volto, il suo spirito però è rimasto intatto, e la voce suadente che aveva pronunciato tante frasi d'amore è ancora argentina come quella di una ragazza. O almeno così afferma il colonnello Hughes che la sente al telefono per comunicarle con deferenza che l'Electronic Frontier Foundation le ha assegnato il premio come pioniera dell'elettronica, per la straordinaria invenzione del 1941. «Era ora» è l'unico laconico commento della diva.

Hedy non va alla premiazione ma gentilmente invia una registrazione con poche parole di ringraziamento. Il mondo l'ha finalmente riscoperta e l'Austria dopo due anni le attribuisce la medaglia Kaplan, il riconoscimento più prestigioso per un inventore.

Morirà due anni dopo, il 19 gennaio 2000, e la notizia rimbalzerà velocemente attraverso la rete e sui telefonini e in ogni altra diavoleria del nostro mondo che iniziava a essere iper-connesso grazie al sistema che "Lady Wi-Fi" – come adesso viene soprannominata – aveva contribuito a creare.

Il vino è finito e la storia pure. La mia amica ha messo sul piatto del giradischi un vinile (son tornati di moda, proprio come Hedy Lamarr). È una ballad rock composta da Johnny Depp, le parole più o meno dicono: "Questa è una canzone per Miss Hedy Lamarr... cancellata dallo stesso mondo che ha fatto di lei una star...". Almeno mi sembra che così sussurri la voce alcolica dell'attore, visto che ormai anch'io non scherzo a livello etilico. Ma è comunque un ottimo finale.

Mentre Johnny ci accompagna in sottofondo, Luisa Alfieri mi racconta che da pochi anni a Vienna è stato istituito un Premio Hedy Lamarr, un incentivo assegnato alle ricercatrici nel campo digitale. Timidamente confessa che spera di conquistarlo prima o poi per un suo studio sull'intelligenza artificiale che per quanto intelligente – ammette la mia amica ridendo – non riuscirà mai a uguagliare quella della sua musa di riferimento. Di certo non potrà mai competere con lo spirito ironico di Hedy che, sottoposta poco prima di morire al questionario di Proust dalla rivista *Vanity Fair*, alla domanda: "Qual è il tuo motto?" risponde "Mai prendere le cose troppo seriamente", come avrebbe potuto dire il suo eroe preferito, Bart Simpson.

Troppo vero. La vita non va mai presa troppo sul serio, ma le muse certamente sì.

EFFETTO MATILDA

La scienza e le muse involontarie

Siamo alla fine del Settecento, in Francia. Più di un secolo di monarchia assoluta, votata al *bon plaisir* di una serie di Luigi convinti che l'intera nazione dovesse sorgere e tramontare con loro, sta per essere eclissato da quella tempesta nota come Rivoluzione francese.

Durante gli scontri sembra che il vento del cambiamento possa soffiare anche sulla condizione femminile, ma si tratta di un miraggio: poco dopo il radicalismo giacobino fa di tutte le donne un fascio e, cavalcando la furia nei confronti di Maria Antonietta, rea – fra una brioche e l'altra – di impicciarsi di politica, spazza via pure i neonati movimenti femministi. Anche a Olympe de Gouge, che non è una regina ma un'attivista per i diritti, viene tagliata la testa senza tanti complimenti, e solo perché ha osato chiedere la partecipazione delle cittadine agli affari di Stato. Su *Le Moniteur Universel*, l'organo di propaganda dei rivoluzionari, scrivono: "Olympe de Gouges, nata con un'immaginazione esaltata... volle essere un uomo di Stato, e sembra che la legge abbia punito questa cospiratrice per avere dimenticato le virtù che convengono al suo sesso". Per la parità bisognerà ancora aspettare a lungo.

Quindi non meraviglia che in questa fine secolo ricca di turbolenze una giovane geniale si ritrovi costretta a studiare in casa, prima da autodidatta e poi con precettori meno capaci di lei. Sophie Germain è comunque un'eccezione, e per tale privilegio deve dire grazie all'apertura mentale e al denaro del padre, che ne riconosce il talento e sceglie di sostenerlo, ma non da subito: all'inizio anche lui fa di tutto per distogliere la giovane figlia dalla malsana passione per una materia tutt'altro che femminile come la matematica. Che capriccio voler approfondire un argomento così poco civettuolo, quando per le conversazioni mondane da salotto a cui le ragazze perbene vengono educate è sufficiente leggere *Il newtonianismo per le dame* di Francesco Algarotti: un seducente libello di facile comprensione in cui un professore spiega a una marchesa le leggi gravitazionali paragonandole ai rapporti amorosi (!). Sophie non se ne fa niente di questi manuali per signorinette e nottetempo, mentre i genitori dormono, consulta di nascosto i più autorevoli trattati matematici della biblioteca di famiglia. Il padre naturalmente se ne accorge e, pur di scoraggiarla, arriva a farle sparire ogni sera vestiti e candele, e ordina alla servitù di non riscaldare la stanza incriminata. Ma Sophie, avvolta da lenzuola e coperte, facendosi luce con qualche moccolo, sgattaiola lo stesso verso il suo paradiso scientifico. Una perseveranza che alla fine ha la meglio su ogni proibizione e vince le resistenze paterne.

Nella sua breve vita Sophie Germain ha gettato le fondamenta della teoria dell'elasticità (che oggi ci permette, per esempio, di studiare i dati sismici), ma non è mai riuscita a mettere piede all'École polytechnique, se non sotto mentite spoglie. Fondata nel 1794, l'École diventa immediatamente un faro di conoscenza. Sophie, allora diciottenne (è nata nel 1776), non desidera altro che seguire gli insegnamenti degli illustri cattedratici, ma le donne sono per legge escluse dai corsi. Per fortuna il suo ingegno non si esprime solo attraverso i numeri: l'iniziativa non le manca e, per entrare in possesso delle dispense delle inaccessibili lezioni, stringe un patto con Antoine-August Le Blanc, consegnato alla storia come l'alunno scarso che passò gli appunti a Germain in cambio delle soluzioni degli scritti.

Nel giro di un paio di settimane il professore di analisi matematica – senza dubbio meno tonto del povero Le Blanc – si domanda come abbia fatto lo studente dell'ultima fila col cappello da asino a trasformarsi di colpo in un allievo brillante, e lo convoca nel suo studio. Panico: chi ci va? Le Blanc non saprebbe come giustificarsi. Per la serie "o la va o la spacca" ci va Sophie, l'unica in grado di sostenere il colloquio.

Me la immagino titubante e un po' disorientata mentre varca il portone alto quanto un arco di trionfo, l'unico essere umano in tutto l'edificio a non poter indossare i calzoni. Avrà chiesto a qualcuno: «Scusi, sa dov'è lo studio del professor Lagrange?», perché il suo appuntamento non è con l'ultimo degli assistenti, un portaborse qualsiasi, ma con Joseph-Louis Lagrange in persona, uno dei matematici più celebri di sempre.

Il prosieguo della storia ci rassicura sulla tenuta delle coronarie di Lagrange, che non rimane secco alla vista di questa strana, inaspettata creatura con sottogonna, merletti e cappellino appuntato sui capelli raccolti, eppure capace, anzi capacissima, di raffinati ragionamenti logici. Ne è in-

159

curiosito, forse affascinato: una donna con un cervello portato per la scienza era allora qualcosa di esotico al pari di un essere mitologico, e forse proprio per questo l'accademico accetta di prenderla sotto la sua ala e di diventare il suo maestro.

Con ciò il problema non è risolto, perché Sophie sì apprende, cresce e diventa una matematica con i fiocchi, ma rimane di fatto confinata tra le quattro pareti di casa.

Chiusa nella sua cameretta, continua a dedicarsi con passione alla teoria dei numeri e, lavorando sull'ultimo teorema di Fermat, in poco tempo individua un tipo speciale di numeri primi, che sono oggi noti come "numeri primi di Sophie Germain". Ma all'epoca ogni strada è sbarrata per la giovane ricercatrice, anche se le sue intuizioni sono decisamente brillanti e fuori dal comune.

Se anche voi avete affrontato la fila per salire sulla Tour Eiffel vi sarete accorti che tutto intorno al primo piano della struttura ci sono dei nomi incisi in oro: sono quelli dei settantadue ingegneri, matematici e scienziati più conosciuti al momento della costruzione. Un'amica parigina che insegna all'École polytechnique, una scienziata femminista (categoria parecchio agguerrita per la quantità di soprusi e ingiustizie accumulati nel pedigree professionale), mi ha fatto notare, durante la lunga attesa per conquistare la vetta, che tra cotanti ingegni il nome di Sophie Germain non c'è.

Eppure proprio lei con i suoi studi di quasi un secolo prima ha reso possibile all'ingegner Eiffel di realizzare il suo sogno avveniristico. Senza il talento di Germain, infatti, non ci sarebbe la "dama di ferro", come i francesi chiamano affettuosamente il monumento più famoso di Parigi. Questo affermano le studiose che ancora oggi si battono per veder riconosciuti i meriti della pioniera, eletta a pieno titolo in Francia come musa ispiratrice di tutte le scienziate.

Arrivate finalmente in cima, mentre la città si spalanca ai nostri piedi, la mia amica mi racconta che nel 1809, quando l'Académie des sciences de Paris indice un concorso per trovare una spiegazione formale ai risultati di certi esperimenti sulle vibrazioni delle superfici elastiche, Sophie è l'unica a presentare una risposta. La vittoria però non le viene riconosciuta, forse per alcune lacune nella dimostrazione, forse per motivi extrascientifici. Ma lei non si dà per vinta, continua a lavorarci su e, con l'aiuto di Lagrange, ottiene la soluzione corretta. Che però prende subito il nome di "equazione di Lagrange", quando avrebbe dovuto chiamarsi quantomeno "equazione di Germain-Lagrange". Così, quando nel 1815 l'Académie, con sei anni di ritardo, si dichiara disposta a concederle il premio, Sophie, inferocita per il trattamento ricevuto, non lo ritira. Per lo meno la vittoria influisce sulla percezione che i colleghi hanno del suo lavoro: è vero che alcuni continuano a mancarle di rispetto, rifiutandosi apertamente di confrontarsi con lei, ma viene per esempio ammessa, prima donna in assoluto, ad assistere alle sessioni dell'Académie des sciences, fino ad allora aperte solo alle mogli degli scienziati che, se non erano appassionate della materia, si saranno annoiate a morte. Almeno questo privilegio Sophie se l'è conquistato sul campo, visto che non si è mai sposata, né con un collega né con nessun altro, ma è rimasta tutta la vita legata indissolubilmente ai suoi studi. Eppure alla sua morte, nel 1831, alla famiglia non è neanche concesso di scrivere sulla lapide la parola "matematica", ma solo "donna celibe senza professione": un'umiliazione che verrà sanata solo recentemente sulla sua tomba, nel cimitero di Père-Lachaise, dove riposa.

Purtroppo Sophie non fu l'unica a essere derubata di ciò che le spettava di diritto, ovvero il riconoscimento del suo ingegno.

Nel 1993 la storica della scienza Margaret W. Rossiter ha definito "effetto Matilda" l'attribuzione sistematica dei risultati delle ricercatrici ai colleghi maschi. Una pratica palesemente sessista diffusa più delle erbacce, che ha cancellato le scienziate dalla storia, consolidando sempre più la convinzione che questo campo fosse una cosa da uomini. Matilda, chi era costei? Stiamo parlando di Matilda Joslyn Gage, attivista per i diritti civili ad amplissimo spettro: abolizionista, nell'Ottocento si batté per il voto alle donne, poi fondò un giornale femminista e lo farcì di articoli sulle questioni di genere. Per dichiarare sin dalla prima riga il suo intento battagliero, anteponeva a ogni scritto una proverbiale frase di Edward Bulwer-Lytton: "La penna è più potente della spada".

Rossiter ha intitolato a lei l'ormai celebre "effetto" perché Matilda è stata la prima a contestare pubblicamente l'idea che le donne non fossero portate per matematica, fisica, chimica & co., quelle materie che oggi vengono riunite sotto la sigla STEM (Science, Technology, Engineering and Mathematics). È del 1870 il saggio *Women as an Inventor*, in cui Gage sottolinea che – nonostante la pressoché totale esclusione da qualsiasi tipo di formazione scientifica – alcune delle invenzioni più importanti al mondo si devono alle donne. Tra gli esempi che elenca figurano l'acquario, della biologa marina francese Jeanne Villepreux-Power, il telescopio subacqueo, della statunitense Sarah Mather, e la sgranatrice di cotone, macchinario in grado di separare le fibre dal resto della pianta, il cui merito viene tuttora attribuito a un uomo quando l'idea di base è di una donna: Catharine Littlefield Greene. Inutile dire che, se fosse vissuta fino ai nostri giorni, Matilda avrebbe visto la sua lista crescere a dismisura.

Basta scostare appena il velo per rendersi conto che esistono letteralmente due storie parallele: quella che tutti studiamo sui banchi di scuola, finendo per dare per scontato che il posto delle grandi donne sia dietro i grandi uomini; e una storia che scorre sotterranea, come un fiume carsico, in cui donne di ogni tempo si sono distinte per la loro creatività e la capacità di innovazione, per poi essere totalmente dimenticate o, nel migliore dei casi, considerate – come contentino – muse ispiratrici di chi ha raccolto la gloria al posto loro.

Sarebbe ora che questo fiume di invisibili emergesse dalle profondità del sottosuolo e vedesse finalmente la luce, liberando il suo potenziale e la sua verità. Ecco perché le muse della scienza non potevano mancare, in questa mia piccola raccolta, e sono senza dubbio le più atipiche della categoria. Prima di tutto perché non fanno nulla per essere tali. Sono muse loro malgrado: il fatto di offrire spunti e idee ai colleghi (o semplicemente ai coevi) non è una scelta frutto della volontà, ma qualcosa che accade indipendentemente da loro, perché il mondo funziona così e difficilmente riconosce i diritti delle madri – soprattutto quelle del pensiero.

E poi queste scienziate non corrispondono quasi in nulla all'idea di musa che abbiamo in testa: niente trucco bistrato e sguardo assassino, bensì occhi piantati per intere giornate dentro un microscopio o davanti a un ghirigoro di calcoli;

più che *femmes fatales* sembrano farmaciste, che per pratici-
tà nascondono i corpi sotto antiestetici camici taglia unica e
infilano le mani dentro gommosi guantini chirurgici.

Però, se musa è colei che ispira una narrazione, loro ne
hanno a bizzeffe che meritano di essere raccontate. E allora...

Cantami, o diva, del mondo della scienza l'ira funesta,
che d'infiniti soprusi travolse generose alme d'eroine...

Comincerei con la madre di tutte le vittime dell'effetto
Matilda, una dottoressa e *magistra* di quella che potremmo
definire la prima università di medicina della storia.

A Salerno, tra il X e il XII secolo, dall'incontro tra la tradizione medica greco-latina e quella mediorientale nasce
la Scuola medica salernitana, che si sforza di "canonizza-
re" il sapere pratico sul corpo organizzandolo in una serie
di codici di levatura pari a quelli filosofici. Sappiamo per
certo che alcuni sono stati scritti da donne. Il primo in
ordine cronologico è *De curis mulierum* di Trotula De Rug-
giero, compendio di ostetricia e ginecologia fondamentale per l'affermazione di queste discipline, ma anche un
concentrato di consigli su come comportarsi in caso di
tonsilliti o cataratte, oltre alle immancabili raccomanda-
zioni sul giusto stile di vita. Per chi se lo stesse chiedendo,
ebbene sì: già nel Medioevo i medici ci raccomandavano
di fare le scale, seguire la dieta mediterranea e lavarci
spesso le mani; a quanto pare proprio non vogliamo ar-
renderci all'evidenza.

Questo testo, modernissimo nel concepire la donna come
un tutto olistico, un intero su cui ambiente ed emotività influiscono in egual misura, viene nel tempo accorpato ad

altri due titoli e fatto confluire in una sorta di "meridiano" della salute femminile, intitolato *Summa qui dicitur Trotula*. Fin qui tutto bene. Peccato che nel 1544 la *Summa* venga ripubblicata da un editore che sì la proietta nell'epoca moderna, ma è pure convinto che una persona così esperta possa essere soltanto un uomo. Pertanto mette in dubbio il sesso dell'autrice e, quindi, la sua stessa esistenza.

Da questo momento viene dato per scontato che Trotula non ci sia mai stata, e con lei nessuna delle *mulieres salernitanae*, le dottoresse che gravitavano attorno alla Scuola medica. Eppure Trotula era riconosciuta come un'autorità: è rappresentata da alcune miniature e diversi libri riportano le sue brillanti diagnosi. Una volta, per esempio, pare abbia salvato una paziente con tremendi dolori addominali da un intervento chirurgico all'intestino (che nel Medioevo non doveva essere una passeggiata) capendo che il problema era all'utero, e l'abbia guarita con bagni e infusi. Ma – pensa l'editore malfidato – chi ci dice che Trotula non fosse il *nom de plume* di qualche medico poco desideroso di essere ricordato come colui che si occupava di parti e sterilità? Temi, fino a tempi recentissimi, ritenuti di esclusivo interesse femminile. Ed ecco che, come per magia, il contributo delle donne alla storia della medicina scompare, e le donne che la medicina la praticano non sono più dottoresse, *magistrae* di questa o quell'altra branca del sapere, ma streghe, sciamane, guaritrici. Quando va bene ostetriche o infermiere, relegate a ruoli di secondo piano, e quando va male direttamente bruciate sul rogo.

La questione del nome non è affare da poco, e spesso è stata la madre di tutte le battaglie, non solo in campo scientifico.

Più o meno ottocento anni dopo Trotula, una talentosa scrittrice ventunenne dà alle stampe quello che sarà considerato un capolavoro della letteratura, ma non può pubblicarlo con il suo nome. Stiamo parlando di Mary Shelley e del suo celeberrimo *Frankenstein*.

Con la scusa che i libri delle donne avevano un mercato più fiacco, gli editori dissuadevano spesso le autrici dal firmare i loro libri, nel migliore dei casi imponevano uno pseudonimo maschile, che poi le scrittrici facevano fatica a scollarsi di dosso. Mary Shelley, nonostante fosse figlia di una pioniera del femminismo come Mary Wollstonecraft, e moglie del grande poeta Percy Shelley, riesce ad avere il suo nome in copertina solo dopo il grande successo ottenuto dalla prima edizione.

Il racconto di *Frankenstein* nasce quasi per caso nel 1816, quando un gruppo di amici talentuosi e gaudenti si trova in vacanza sul lago di Ginevra. Piove a dirotto e il già mitico Lord Byron, da poco fuggito dal clima soffocante e puritano di Londra, per ingannare il tempo lancia una sfida: propone alla sua amante, Claire Clairmont, sorellastra di Mary, e agli altri componenti della comitiva di cimentarsi nella scrittura di un romanzo di fantasmi. Il resto è storia: *Frankenstein* esce anonimo nel 1818 ed è subito un caso letterario, che conquista il pubblico e spiazza la critica, soprattutto quando si scopre che l'autrice è una donna che con la sua invenzione fantascientifica non sfigura tra le muse della scienza.

Coincidenza vuole che, pochi anni prima, la moglie che Byron aveva abbandonato in Inghilterra avesse dato alla luce una bambina, Ada, la cui storia in questo capitolo non può mancare, visto che oggi è riconosciuta come la prima programmatrice di computer.

Ada nasce nel 1815 a Londra, in una famiglia molto benestante. La madre è Anne Isabella Milbanke, ereditiera appassionata di matematica, mentre il padre, come abbiamo detto, è George Gordon Byron, nobile, Lord della relativa Camera e soprattutto poeta di successo. Un successo così straordinario da dare alla testa, difatti Byron, noto dandy impenitente, prima esagera, poi cerca di rimediare sposandosi. Il matrimonio con Anne è di pura convenienza: il poeta deve mettere a tacere una serie di voci che lo danno per intimo sia di un'eccentrica dama al centro delle cronache mondane che della propria sorellastra, Augusta. La rispettabilità sociale si rivela però una conquista effimera: di fronte alla ripresa della frequentazione con la sorellastra e a insistenti pettegolezzi sulla bisessualità del marito, Anne chiede la separazione e se ne va di casa. Byron potrebbe rivendicare i suoi diritti di paternità ma, visto che a Londra tira un'aria pesante, decide di fare i bagagli e di dileguarsi sul continente, tagliando i ponti anche con Ada.

Terrorizzata all'idea che la figlia possa avere alcunché in comune col padre, Anne la allontana da ogni guizzo letterario e decide di darle un'istruzione improntata alle materie scientifiche, scelta – come sappiamo – allora del tutto inusuale. La giovane ben presto si distingue, i suoi professori la considerano una matematica promettente e originale. In altri anni avrebbe forse potuto iscriversi all'università; in epoca romantica, ventenne, va incontro senza discutere al destino di ogni figliola della buona società. Sposa il conte di Lovelace e ci fa tre figli, ma in qualche modo mantiene i contatti con Charles Babbage, un brillante matematico che ha incontrato a un ricevimento prima di sposarsi e con cui ha intrecciato un'intensa amicizia intellettuale. Affascinata dalle sue idee, Ada decide di approfondire per suo conto gli studi sui metodi di calcolo. Babbage, per converso, è a sua volta conquistato dal talento di lei, tanto da soprannominarla "incantatrice di numeri". E da chiederle aiuto.

Nel 1840 lo studioso viene invitato a Torino al Congresso degli scienziati italiani, deve tenere un seminario sulla sua più recente invenzione, la macchina analitica, antenata del computer. Fra i presenti figura Luigi Federico Menabrea, futuro primo ministro del Regno d'Italia, allora semplicemente ingegnere, che sulla conferenza di Babbage scrive un saggio, *Notions sur la machine analytique de M. Charles Babbage*. Un paio di anni dopo lo presenta a Ginevra ottenendo un discreto successo, ragion per cui Babbage chiede a Ada di tradurre il testo in inglese aggiungendo, se lo ritiene, eventuali note e approfondimenti.

Ada prende il compito molto sul serio, lavora al progetto per oltre un anno ed è talmente accurata da avviare una corrispondenza con Menabrea. Il testo, in origine di venti pagine, grazie al suo lavoro di ricerca si amplia fino a cinquanta. Nel 1843 Ada pubblica il suo articolo: descrive la macchina analitica di Babbage come strumento programmabile; prefigura il concetto di intelligenza artificiale e quello di software. Una delle note contiene un algoritmo che avrebbe permesso alla macchina analitica di calcolare i numeri di Bernoulli: oggi lo riconosciamo come il primo programma informatico della storia.

Babbage legge e si appropria di tutte le intuizioni della collega, rivendicandone la paternità. Il passaggio della sua autobiografia in cui riprende questo episodio è una grandinata di "io": io le ho suggerito di aggiungere le note, io ho contribuito molto, io ho scritto il programma che lei poi ha riportato.

Niente di nuovo sotto il sole. Il punto è che i contemporanei e i posteri hanno creduto a Babbage, per lo stesso motivo per cui nel Cinquecento un editore si è arrogato il diritto di mettere in dubbio l'identità di un'autrice: la società non riteneva le donne capaci di riflessioni profonde o di intuizioni geniali, soprattutto in questo campo. Incolpando spesso la "natura" di averle dotate di un cervello più piccolo, e di conseguenza limitato: una teoria campata per aria ma, ahimè, sempreverde quando c'è bisogno di rimettere a posto chi esce dai sentieri tracciati dal pensiero dominante.

Ada muore giovanissima, a soli trentasei anni, alla stessa età in cui era morto Lord Byron, e sceglie di essere sepolta accanto al padre che l'aveva abbandonata appena nata, ma che lei amava profondamente e di cui, nonostante tutto, aveva ereditato la forza dell'immaginazione. Il grande talento matematico e la portata visionaria del suo lavoro sono stati riconosciuti solo recentemente e nel 2015 è stato istituito in suo onore l'"Ada Lovelace Day", una celebrazione internazionale che cade ogni secondo martedì di ottobre, per ricordarla ma soprattutto per incoraggiare tutte le giovani studiose che decidono di intraprendere una carriera scientifica.

Per secoli la storia si è ripetuta in un identico schema e le aspiranti scienziate si sono ritrovate spesso impigliate nella stessa ragnatela di stereotipi e pregiudizi. E anche se non sono stati i numeri ad appassionarle, bensì colonie di moscerini, il risultato non cambia.

Nettie Stevens, genetista e microbiologa statunitense, era ossessionata da un mistero: voleva a tutti i costi capire perché alcuni organismi nascono femmine e altri maschi.

La futura biologa nasce nel 1861 in una modesta famiglia

del Vermont, che la mia generazione ricorda più che altro come lo Stato fuori mano in cui una stravolta Diane Keaton si rifugia con la bambina che ha appena adottato per allontanarsi dai ritmi snervanti di Manhattan, e vendere vasetti di marmellata fatti in casa. *Baby Boom* è un film del 1987 e non ho particolari indizi per pensare che nella seconda metà dell'Ottocento il Vermont fosse la culla della ricerca, dunque è così che immagino Nettie: in una casa di legno pittata di bianco, con veranda e annessa sedia a dondolo, circondata da molti alberi da frutto e soprattutto lontana dal mondo.

Figlia di un falegname, orfana di madre dai due anni, è una brava studentessa – la migliore della classe, come si dice – e diventa insegnante. A tempo perso, lavora come bibliotecaria. La sua vita prosegue tranquilla fino al 1896 quando, di punto in bianco, decide di attraversare gli Stati Uniti e di trasferirsi a Stanford, in California. Cosa le sia preso possiamo solo immaginarlo: la noia devastante della vita di paese, una mente che non vuole saperne di quietarsi, e i miliardi di giornali che sfoglia per passare il tempo in biblioteca, in cui si racconta che più in là, sulla West Coast, la vita è tutta diversa. Mi piace credere che la nostra esile protagonista, ritratta sempre e solo con severi abiti accollatissimi, sia rimasta affascinata da Stanford perché era l'unico istituto in cui le studentesse, durante le indagini sul campo, potevano indossare i pantaloni. Forse per questo, o forse no, lì le ragazze iscritte erano il venticinque per cento, quando la media delle università americane era il quattro.

Sta di fatto che Nettie, a trentacinque anni, lascia per la prima volta la casa del padre e parte. Le si aprono nuovi orizzonti: vince una borsa di studio a Philadelphia, parte per viaggi di ricerca in Germania e in Italia. Al ritorno negli

Stati Uniti Nettie si stabilisce al college di Bryn Mawr, vicino a Philadelphia, e si avvicina al lavoro di Mendel sui caratteri ereditari dei piselli. Come molti altri ricercatori, fra cui Thomas H. Morgan, suo ex professore, prova a capire perché dalla fusione di un ovulo e uno spermatozoo nasca a volte un maschio e a volte una femmina. Si mette a esaminare le tarme della farina, e nel 1905 informa la comunità scientifica che il sesso è attribuibile a un cromosoma, XY nel caso dei maschi, XX nel caso delle femmine. Il DNA sarebbe stato scoperto cinquant'anni dopo, i geni non sono stati nemmeno concettualizzati, il che spiega lo scetticismo con cui la sua scoperta viene accolta. Alcuni, pochi, la prendono in considerazione; la maggioranza, fra cui Morgan, si fa una bella risata e rifiuta anche solo di leggere cosa abbia scritto. Cosa potrà mai saperne una zitella di riproduzione?

Da scienziata, Nettie sente che per convincere i colleghi deve consolidare le prove. E decide di cercarle, prima fra tutti, nella *Drosophila melanogaster*, ovvero il moscerino della frutta, animaletto minuscolo che nessuno fino ad allora si era filato e che invece riservava grandi sorprese: tuttora è infatti l'animale più studiato in genetica e in neuroscienze. Ed è lei la prima a non considerarlo solo un insetto fastidioso.

I nuovi studi di Nettie confermano quanto inizialmente scoperto, ma Morgan – ormai diventato il suo arcinemico – non si arrende: continua a sostenere che Stevens, quella donnetta, ha preso un abbaglio, ha un'immaginazione troppo fervida. In privato, invece, ossessionato da quella scoperta allestisce una "stanza delle mosche". Le analizza giorno e notte, e i dati non fanno che dare ragione a lei: il sesso dipende da un cromosoma.

Nel 1911 Morgan, finalmente convinto, pubblica le sue

conclusioni su *Science*, senza dare atto che Nettie ci era già arrivata. Lo farà solo nel 1912, scrivendo per lei un necrologio che è quasi uno sfregio: a denti stretti le riconosce di aver lavorato sul tema, ma più come una tecnica che come una vera scienziata, e asserisce che il suo nome sarà ricordato "quando le minuzie delle sue dettagliate indagini saranno incorporate nel sapere generale della ricerca". Non esattamente il ritratto di una microbiologa intrepida e indipendente, né tantomeno l'elogio dovuto alla musa che – più che ispirato – aveva indirizzato tutto il suo lavoro. Le minuzie della "signora dei moscerini" portano infatti Morgan a ottenere anni dopo il premio Nobel per la Medicina e a essere indicato in tutti i manuali di biologia come il padre della genetica moderna. In realtà c'era anche una madre, ma è stata cancellata da ogni narrazione ufficiale.

La lista dei Nobel rubati o, se vogliamo essere generosi, attribuiti con uno strabismo di genere è lunga e ricca di storie incredibili. Una su tutte, la vicenda di Vera Rubin, un'altra musa della scienza cui dobbiamo una delle più importanti scoperte astronomiche recenti: quella della materia oscura, la componente che costituirebbe quasi la totalità della massa presente nell'universo.

Per la commissione che assegna i premi Nobel, Rubin è rimasta oscura come la materia che ha studiato: l'hanno tenuta d'occhio per anni fino alla sua morte, nel 2016, ma – com'è, come non è – il riconoscimento non è arrivato, e di conseguenza nemmeno la notorietà su larga scala. Con la classe che l'ha contraddistinta, Rubin ha commentato il non-evento così: "La fama è fugace, i miei numeri sono più importanti del mio nome. Se gli astronomi di tutto il mondo utilizzeranno i miei dati ad anni da oggi, non potrà esistere per me complimento più grande". Solo per questa frase da vera scienziata avrebbero dovuto attribuirle l'ambita medaglia.

Quello che serve è una rivoluzione culturale – e non posso pensarla diversamente leggendo le dichiarazioni di Lawrence Summers, economista nonché presidente della Harvard University, a una conferenza del 2005. Ancora una volta un accademico rinomato ha chiamato in causa la natura per giustificare le sue affermazioni sessiste: la difficoltà che le donne hanno a emergere in certe discipline, come la matematica, ha sostenuto, è dovuta al fatto che non sono biologicamente portate per l'astrazione. Si torna sempre lì... alla natura matrigna e ingiusta nei confronti del genere femminile.

Ecco perché gli esempi sono essenziali. E devono essere tanti, per normalizzare quanto oggi ci sembra straordinario: la donna che ha successo in ambito scientifico deve smettere di essere considerata un'eccezione. E per ottenere questo cambio di passo bisogna rimuovere tutti gli ostacoli e i pregiudizi che impediscono alle bambine di sentirsi libere di inseguire qualsiasi sogno.

Se il Nobel che sarebbe spettato a Rubin viene conferito un paio d'anni dopo all'astronomo che ha condotto ricerche – senza dubbio straordinarie – sulla materia oscura scoperta da lei, la società non solo priva una scienziata di un premio che merita, ma le nuove generazioni della consapevolezza che i cromosomi X e Y influiscono sul sesso, come ha dimostrato Stevens, ma certo non sul talento.

Solo la risata cristallina di una ragazza di ottantatré anni è riuscita a riconciliarmi con gli esseri umani, dopo giorni passati a immergermi in questo lungo elenco di muse defraudate.

Quando, qualche anno fa, ho intercettato in rete un'intervista di questa donna speciale, mi sono subito messa sulle sue tracce per invitarla in un mio programma televisivo. Trent'anni dopo la prima edizione stavo per tornare in onda con *La TV delle ragazze* e sentivo il bisogno di una testimonial che facesse ben sperare per il futuro. Amalia Ercoli-Finzi mi è subito apparsa come la musa ideale. Oggi la scienziata è un'autorità riconosciuta a livello internazionale nel campo dell'ingegneria aerospaziale, però nel 1956, quando si è iscritta a ingegneria presso il Politecnico di Milano, l'indirizzo aerospaziale ancora non esisteva, e le ragazze che avevano osato scegliere quel corso di studi vivamente sconsigliato al "gentil sesso" erano solo cinque, su seicentocinquanta iscritti. Ma lei ricorda con divertimento: «Eravamo viste un po' come le mosche bianche. C'era anche l'idea che forse non eravamo tanto ben preparate e quindi dicevano: "Vi aspettiamo agli esami, vi aspettiamo gli esami"».

L'attesa non è stata lunga perché i suoi colleghi l'hanno vista sfrecciare come una stella di quell'universo che lei tanto ama studiare, conquistando una carriera straordinaria.

Quando l'ho cercata al telefono la mia musa ha risposto subito, con cordialità e gentilezza. Pur conoscendo il caravanserraglio dei miei programmi, ha accettato l'invito con entusiasmo: non a caso la curiosità è proprio una delle doti fondamentali che le ha permesso di diventare un'autorità nel suo campo.

Amalia, che oggi viene soprannominata con affetto "la signora delle comete", ha collaborato con la NASA, l'ASI, l'ESA e ogni altro ente spaziale esistente nella galassia; tra l'altro ha partecipato da protagonista al progetto Rosetta dell'Agenzia spaziale europea, progettando una piccola trivella che ha esplorato la superficie di una cometa a sei miliardi di chilometri di distanza dalla Terra. Quando, dopo il lungo viaggio, la sonda si è svegliata dal sonno siderale e ha risposto all'appello di Amalia con la semplice parola *ready*, la scienziata mi ha raccontato di essersi commossa molto più che per le lauree dei suoi figli – cinque, per la cronaca: quattro ragazzi e una ragazza. Una famiglia decisamente numerosa, «49 paia di mutande a settimana, 40 chili di pasta al mese e 32 baby-sitter nel corso degli anni»: ironia e precisione matematica non sono mai mancate ad Amalia che oggi, oltre a immaginare la realizzazione di un orto botanico sulla Luna, si dedica con affetto ai suoi nipoti.

Ma l'impresa di cui va più orgogliosa è il lavoro di *empowerment* sulle studentesse mentre era insegnante di Meccanica orbitale al Politecnico di Milano: le aiutava in tutti i modi a credere nelle proprie capacità e cercava di potenziare la loro autostima, anche a costo di ricorrere a piccoli trucchi. «Se una ragazza all'esame meritava 27, io le davo 28. La differenza è poca roba, ma le donne hanno sempre subito una serie di ingiustizie, e per una volta ne commettevo una piccola io a loro vantaggio.» Innocenti mosse strategiche per incoraggiare chi parte svantaggiato, perché alle ragazze in campo scientifico il merito non basta: devono anche abbattere un muro di idee preconcette che Amalia conosce bene, avendo dovuto affrontarlo lei stessa. Mi racconta infatti che i suoi genitori per questa figlia ostinata avrebbero preferito una tranquilla carriera da prof. di matematica ma lei, come ricorda serafica, è sempre stata un'ingegnera nata: «Da piccola smontavo e rimontavo le bici senza difficoltà e alla fine si sono arresi». Forse per questo Amalia consiglia spesso a mamme e papà di regalare alle bambine non solo le bambole, ma anche il meccano, perché fin da piccole, ben prima dell'iscrizione all'università, «devono essere consapevoli che nessuna strada è loro preclusa».

Parlare con lei è un vero piacere perché la sua attitudine scientifica unita a un'incredibile leggerezza esistenziale crea un mix rincuorante, non solo per me ma soprattutto per le giovani ricercatrici che hanno deciso di intraprendere questo percorso nonostante i pregiudizi che Amalia riassume nelle famose tre T, ritenute necessarie al successo, che i colleghi del settore dichiarano con arroganza precluse alle donne: Temperamento, Tempo e Talento. «Tutte balle» assicura la "signora delle comete". Non a caso una sua proposta prevede che, nel programma per l'esplorazione umana di Marte, la missione sia composta da sette persone, di cui quattro dovranno essere scienziate. Se non riusciremo a conquistare la parità in tempi brevi su questa Terra, almeno grazie ad Amalia la otterremo viaggiando verso Marte.

Quando le chiedo come si possono abbattere i pregiudizi degli uomini, senza scomporsi Amalia mi risponde: «Bisogna educarli, far loro capire che ostacolando le donne ostacolano il cammino della scienza».

Sono sicura che Matilda avrebbe approvato.

NEL NOME DELLA LIBERTÀ

Muse a cavallo

Al centro del dipinto c'è una donna che esibisce orgogliosamente in pubblico tette nude e ascelle pelose: non è Miley Cyrus né alcuna altra celebre peroratrice della campagna "Free the Nipples", che sostiene l'uguaglianza dei capezzoli maschili e femminili, ma Marianne, il simbolo francese per eccellenza della libertà. Baionetta in una mano, bandiera nell'altra, berretto frigio calcato sulla testa, la nostra amazzone ottocentesca avanza sicura sulla barricata calpestando cadaveri e incitando una folla eterogenea alla rivolta contro il tiranno: è la rappresentazione delle Tre Gloriose Giornate, in cui i parigini scacciarono re Carlo x, colpevole di aver cancellato le conquiste della Rivoluzione, costringendolo ad abdicare e a riparare in Inghilterra. La firma è quella di Eugène Delacroix, artista straordinario almeno quanto restio a esporsi politicamente, il che rende l'opera a mio avviso ancora più eccezionale: nemmeno lui è riuscito a resistere al fascino della libertà. E la cosa, come sempre accade quando ci si batte apertamente per una causa, gli è valsa qualche grattacapo.

La tela, realizzata nel 1830, l'anno successivo è presentata al Salon, una delle vetrine più prestigiose della capitale, con il titolo *La Libertà che guida il popolo*, e viene subito accolta da una valanga di giudizi negativi. C'è qualcosa in questo dipinto che urta la sensibilità del pubblico e della critica. Ma i funzionari del neoinsediato governo francese decidono comunque di acquistarlo per appenderlo nella sala del trono del successore di Carlo X, Luigi Filippo, sì asceso al potere come "re dei francesi" invece che come "re di Francia", però non si sa mai che si monti la testa e cominci a credersi chissà chi. Un raffinatissimo *memento mori* in salsa romantica. L'iniziativa, tuttavia, non riscuote unanimi consensi. Tanti sono contrari, ritengono il quadro un po' estremo, Luigi Filippo è pur sempre il re, la prudenza non è mai troppa... Qualcuno suggerisce addirittura che sia stato comprato proprio per toglierlo di mezzo e nasconderlo agli occhi dei più facinorosi. La potenza dell'arte.

Non a caso il capolavoro finisce in soffitta e ne esce solo nel 1874, per entrare al Louvre. Ed è lì che io lo vedo in uno dei miei tanti pellegrinaggi parigini, quando il fascino della Ville Lumière aveva soppiantato l'attrazione per Londra, che ormai trovavo grigia e malinconica. Al pari delle amicizie, la relazione che ci lega ai luoghi può durare una vita o interrompersi all'improvviso per qualche insensata incomprensione. Così è successo a me con la City: forse era cambiata lei, forse io; forse ho semplicemente perso la testa per un'altra. La cotta per Parigi, invece, non mi è ancora passata.

Mi trovavo per l'ennesima volta nelle sale del Louvre: ci vorrebbe una vita per esplorarle tutte, ma alla fine – come capita a molti – vado sempre a rivedere i quadri che mi piacciono di più. Ci sono dipinti con i quali si instaura un rapporto, si fraternizza, e di tanto in tanto torniamo a trovarli per vedere come stanno, se hanno qualcosa di nuovo da raccontare. *La Libertà* non delude mai. È sempre moderna e combattiva e risveglia tutti quei sentimenti (che appaiono oggi sopiti), come il coraggio e l'intraprendenza; inoltre Marianne ha la forza di ricordarci che una volta, invece di passare intere giornate a scrollare reel su Instagram, cercavamo di lottare in prima persona per i diritti e la giustizia. Ti metti lì a guardarla e lei ti ispira, senza bisogno di inutili conversazioni. Una musa doc che ha attraversato i secoli per arrivare fino a noi e darci una scossa.

Solo dopo un po' di incontri ravvicinati ho capito che gran parte della potenza di questa allegoria deriva proprio dal suo sesso.

La Libertà non è solo un simbolo. È Marianne, una donna vera che guida la battaglia e ha cose più importanti cui pensare del coprirsi i seni. È una guerriera militante con una missione da compiere e – cosa ancora più sconveniente – è a capo di un manipolo di uomini che le va dietro fiducioso. È qui lo scandalo segreto di questo quadro: basta leggere le cronache dell'epoca per scoprire che a indignare il pubblico del Salon sono stati proprio il ruolo della protagonista e il suo aspetto, così autentico e carnale. La lista dei commenti inorriditi che al tempo hanno stigmatizzato il dipinto abbraccia una gamma di insulti che va dai più blandi "Venere dei boulevards" e "cortigiana di basso livello", fino ai più decisi "donna di strada sporca e disonorata" e "svergognata peripatetica": in sintesi, una puttana. Gli stessi appellativi che ancora oggi – dopo quasi duecento anni – accompagnano allegramente le esponenti del genere femminile in ogni parte del mondo quando decidono di intraprendere percorsi che la società maschilista ritiene inopportuni, se non proprio sconsiderati.

La lista delle muse "pasionarie" è lunga e ricca di personaggi straordinari che meriterebbero un libro a parte. Attenzione però, si tratta di un termine pericoloso: non a caso la Treccani alla voce "pasionaria" suggerisce come definizione: "Rivoluzionaria appassionata e tenace, ma anche fanatica e invasata". Le donne che combattono con fervore e determinazione per una causa sono spesso considerate – al contrario degli uomini – delle erinni scatenate, anche se non imbracciano armi ma parole e sono, come la nostra Michela Murgia, "solo" delle intellettuali preparate con una notevole proprietà di linguaggio. Per loro non c'è scampo e spesso nemmeno la morte mitiga la scandalosa acrimonia degli oppositori. Questo è il giudizio inossidabile destinato nel tempo alle combattenti, a meno che non si riesca a addolcirne l'immagine con un lato più rassicurante, meglio ancora se materno. Ricorrendo quindi a un altro intramontabile stereotipo: quello della donna-madre per sua natura dolce e accogliente.

Ecco perché la prima volta che ho visto il monumento eretto al Gianicolo in onore di Anita Garibaldi, non mi è tanto piaciuto. Eppure l'eroina è raffigurata in un momento che più epico non si può: i capelli al vento, la pistola sguainata in aria pronta a sparare, in sella a un cavallo che sembra galoppare nei cieli di Roma. Ma c'è un dettaglio che la riporta, se così si può dire, "a terra": con l'altra mano sorregge il figlio Menotti, di dodici giorni, a sottolineare che innanzitutto Anita è stata una madre, sia pure della Patria, ma comunque una madre.

Il monumento è stato ideato nel 1905, centenario della nascita di Giuseppe Garibaldi, ma eretto solo nel 1932, in pieno Ventennio. Addirittura si narra che a insistere per posizionarle in braccio il neonato sia stato lo stesso Mussolini, grande fan della donna "casa e chiesa". D'altronde Ferdinando Loffredo, uno dei sociologi di riferimento del regime fascista, in quegli anni affermava senza mezzi termini: «La indiscutibile minore intelligenza della donna ha impedito di comprendere che la maggiore soddisfazione può essere da essa provata solo nella famiglia [...]. La donna che lavora si avvia alla sterilità; perde la fiducia nell'uomo; [...] considera la maternità come un impedimento, un ostacolo, una catena; se sposa difficilmente riesce ad andare d'accordo col marito [...]; concorre alla corruzione dei costumi; in sintesi, inquina la vita della stirpe».

E figuriamoci se come lavoro decide di fare, come Anita, la rivoluzionaria! È già tanto che in groppa al cavallo, nella scultura in bronzo che la rappresenta, non abbiano inserito anche una cucina economica, completa di pentole e coperchi.

Si sa che il fascismo era pronto a fagocitare tutto pur di affermare la propria ideologia, ma è arrivato il momento di riscattare Anita, sia dal tentativo mussoliniano di relegarla al ruolo di "madre eroica", sia dalla narrazione che la vuole solo compagna e musa di Garibaldi, in racconti risorgimentali antiquati e privi di fascino come le aule scolastiche in cui li abbiamo ascoltati.

Anita non è stata solo una costola del marito, ma una donna poliedrica, capace di contrastare e sovvertire ogni iconografia femminile dell'epoca. La scena ritratta dal monumento equestre al Gianicolo è realmente accaduta: Anita ha davvero galoppato con il figlio appena nato in braccio per sfuggire ai soldati dell'impero brasiliano. E qualche mese prima, incinta di sette mesi, ha guadato un fiume in piena notte, aggrappata alla coda di un cavallo. Nei suoi pochi anni su questa Terra, è stata protagonista di decine di altre imprese eccezionali, poi divenute leggenda. E sì, è stata anche una ragazza perdutamente innamorata del suo José. Ma ben prima di incontrare l'eroe dei Due Mondi in lei già covava uno spirito rivoluzionario pronto ad accendersi come una miccia.

Ana Maria de Jesus Ribeiro nasce nel 1821 nei dintorni di Laguna, cittadina dall'edilizia smaccatamente portoghese che sorge sulla costa atlantica del Sud del Brasile, nello stato di Santa Catarina. Il padre fa il mandriano, la madre si occupa della casa e dei numerosissimi figli – alcune fonti ne indicano sei, altre ben dieci.

Forse per disattenzione, forse perché il padre aveva un occhio di riguardo per questa bambina, sta di fatto che Aninha (la piccola Ana, come è soprannominata in casa) cresce libera e selvaggia: sa cavalcare a pelo, nuota alla perfezione, a volte persino nuda, cosa che le vale la disapprovazione eterna della madre – o almeno così possiamo presumere. Fin qui un'infanzia da fiaba. Peccato che poi, come nelle fiabe che si rispettino, il padre muoia di tifo e lei rimanga in compagnia dei fratelli e della mamma, forse rigida o forse, più banalmente, preoccupata che i mormorii della gente possano interferire con le possibilità di trovare alla figlia una sistemazione dignitosa.

Con il marito sono venuti meno anche i suoi guadagni e dunque, precipitata improvvisamente in una condizione di povertà estrema, la signora decide che la ragazza deve trovare marito: avrà da mangiare e magari potrà darle una mano.

Il 30 agosto 1835, giorno del suo quattordicesimo compleanno, Ana è quindi costretta a sposare un calzolaio molto più vecchio di lei, tale Manuel Duarte, che la prende e la porta con sé in città. Inutile dire che per la ragazza il matrimonio è infelice, ma se non altro dura poco.

In quegli anni il Brasile è in subbuglio: ottenuta nel 1822 l'indipendenza dalla corona portoghese, è governato da un imperatore. Alcuni Stati però non sono soddisfatti: l'indipendenza non basta se si traduce nel dover sottostare alle leggi (e alle altissime tasse) imposte da un uomo soltanto. Santa Catarina è tra loro. Le voci di rivolta serpeggiano per le strade, la gente comune si organizza in truppe, gli ideali di libertà e giustizia sociale si diffondono a macchia d'olio fra le fasce più deboli della popolazione.

Ana è sposata a un conservatore innamorato dell'impero, ma in segreto, istigata dallo zio Antonio, fiero oppositore del sovrano, coltiva aspirazioni da guerrigliera ed è già pronta ad abbracciare il fucile.

La rivolta dei Farrapos (alla lettera, "straccioni") esplode nel 1835 a Porto Alegre e raggiunge Laguna quattro anni dopo.

Del marito, Ana ha perso le tracce: alcuni biografi lo danno per arruolato nell'esercito brasiliano, altri per disperso durante una battuta di pesca, altri ancora sostengono che lei – pur di liberarsene – l'abbia abbandonato mentre era morente. In ogni caso, a questo punto l'uomo esce definitivamente di scena.

Il 22 luglio i ribelli conquistano la città. Arrivano dal mare, a bordo di tre lancioni. Tra loro c'è un giovane Giuseppe Garibaldi. In Europa vogliono arrestarlo e ucciderlo per aver partecipato ai moti carbonari e per essersi iscritto alla Giovine Italia di Mazzini, così lui ha deciso di esportare le sue idee e se stesso in Sudamerica, dove le insurrezioni fioccano e può dare una mano.

La versione sentimentale della storia è che Garibaldi adocchi Anita mentre sta scrutando la costa dal cannocchiale; quella forse più realistica che i due si notino la sera in chiesa, al termine degli scontri, dove tutta la popolazione è andata a innalzare inni al Signore per ringraziarlo della vittoria dei Farrapos.

Il giorno seguente Anita e Giuseppe si incontrano di nuovo. Lui è barbuto, biondo, capello lungo, naso severo, occhi indubbiamente focosi – un gran bel rivoluzionario. Lei non è da meno: l'unico ritratto esistente eseguito dal vivo ne mostra i morbidi capelli neri, il volto affilato e lo sguardo determinato – elemento evidente persino sulla tela non eccelsa del povero Gaetano Gallino, pittore in Montevideo. Garibaldi le si avvicina, le dice: «Devi essere mia». Così, in italiano, perché il portoghese non lo parla. Non si sa come ma questo approccio funziona, evidentemente il colpo di fulmine è reciproco, e infatti Ana – da questo momento "Anita", il diminutivo con cui lui comincia a chiamarla – sarà per sempre la compagna di vita e di armi di "José" Garibaldi.

Possiamo capirla: il fascino del guerrigliero è antico come il mondo. Come si fa a non innamorarsi di un Che Guevara dell'Ottocento? Noi ragazze degli anni Settanta perdevamo la testa per molto meno: per farci sobbalzare il cuore bastavano i discorsi ispirati dei leaderini scapigliati che infiammavano le assemblee scolastiche, e poi andava a finire che ci ritrovavamo davanti a un ciclostile a fotocopiare volantini per amore. Ben diverso il destino a cui va incontro Anita.

L'esordio della storia con il bel Giuseppe è a dir poco fulminante: dopo appena quindici giorni che si frequentano, il contingente di cui la coppia fa parte viene attaccato dall'esercito imperiale; è Anita a caricare il cannone e a portare in salvo le munizioni sotto la gragnola dei colpi nemici, prima che Garibaldi dia fuoco alle navi. "Anita fu l'eroina sublime di questo combattimento. In piedi sulla poppa, nel mezzo della mitraglia compariva dritta, calma e fiera come una statua di Pallade", così la ricorda rapito il condottiero, e non è solo frutto dei suoi occhi innamorati.

Nel 1840 i due sono nell'interno del paese, a Curitibanos, un piccolo villaggio cui si arriva percorrendo un'unica strada, senza nulla intorno se non verdi declivi. Si accompagnano alle truppe dei Farrapos e ad alcuni fedelissimi. L'esercito attacca il loro presidio in una battaglia campale, dalla quale i ribelli escono sconfitti. Garibaldi organizza una ritirata ma Anita non può saperlo: il suo cavallo è stato abbattuto e lei è a piedi, alla mercé degli imperialisti. Cade prigioniera, ma non si arrende: forse per la disperazione, credendo Garibaldi morto, forse perché invece è sicura che lui sia riuscito a fuggire, fatto sta che convince il comandante nemico a farle cercare il cadavere del compagno fra i caduti. Impressionato dalla sua tempra – e senza dubbio sottovalutandola – questi le accorda il permesso, perdendo al contempo la faccia con i commilitoni e la prigioniera, che ruba un cavallo da campo e, durante la notte, scappa al galoppo nella selva, sottraendosi al controllo dei suoi carcerieri.

Eccola l'Anita del nostro immaginario, che corre veloce a briglia sciolta in sella al suo fidato destriero; nostra Lady

Oscar del Risorgimento che ha di certo fatto sognare tante ragazze ancora costrette a montare i cavalli all'amazzone. Sì perché, come sappiamo, al tempo era considerato indecoroso per una donna perbene cavalcare a gambe divaricate; per lo stesso motivo le signorine di buona famiglia erano obbligate a suonare il violoncello con le gambe chiuse e ruotate di lato. Difficile, con queste diaboliche imposizioni, eccellere come musicista o rivoluzionaria, qualsiasi strada per la libertà si fosse scelta.

Quella di Anita, per ora, attraversa la sterminata giungla brasiliana: ha passato giorni di ricerche vivendo di stenti, si crede perduta; e dopo aver guadato in quella famosa notte un affluente dell'Uruguay reggendosi alla coda del cavallo, finalmente approda alla cittadina di San Simon. Due case e una fazenda. E nella fazenda c'è Garibaldi. L'ha trovato.

Chissà cosa avrà provato? Forse è inferocita, si potrebbe supporlo: è pur sempre stata mollata sul terreno di guerra senza nemmeno un tentativo di trarla in salvo, di indicarle la direzione di fuga. Ma i due sono una coppia di combattenti e Anita, temprata nel fuoco della vita e della povertà, è abituata ad arrangiarsi, a farcela con le proprie forze. Quindi non credo abbia dedicato tempo alle rimostranze: piuttosto sarà stata sollevata, si sarà sentita meno sola, magari persino al sicuro. Una cosa abbastanza importante, per una donna incinta. Perché Anita in quel momento già aspettava il primo figlio, Domenico, soprannominato "Menotti" in onore del più famoso Ciro.

Nella mia mente questa sua fuga rocambolesca scorre come un cortometraggio: prima la vedo sfrecciare velocissima, dominare il cavallo, proiettarlo tra gli alberi con la stessa destrezza di un fantino; poi rallentare, a volte fermarsi, cercare acqua, un riparo, qualcosa da mangiare; e infine, esausta, farsi trascinare dal cavallo, buttata sul suo grande dorso come un corpo morto. Da un esaltante racconto eroico si passa a un vero dramma. È a questo punto che la sua immagine si sovrappone a quella di un'altra donna valorosa.

Facciamo un piccolo viaggio nel tempo. Cento anni più avanti, nel 1935, Francesca Del Rio è solo una bambina. Vede suo padre venire picchiato con una brutalità senza pari da uno squadrone fascista: l'uomo non si riprende più e cinque anni dopo, per le conseguenze di quella violenza, muore. Con la determinazione delle scelte che ci paiono inevitabili, l'8 settembre 1943, diciottenne, Francesca fa "la cosa giusta" ed entra come staffetta combattente con il nome di battaglia "Mimma" nella 144ª Brigata Garibaldi (guarda il caso...).

I paesi dell'entroterra reggiano sono piccini, Bibbiano lo è ancora più di altri, e se la stragrande maggioranza della gente tace, in silenzioso accordo con quello strano esercito di giovanissimi che fu la nostra Resistenza, alcuni purtroppo parlano. A causa della delazione di un amico di famiglia, Mimma viene identificata e prelevata da casa sua all'alba, in ciabatte e camicia da notte. Finisce nella caserma di Ciano d'Enza, una delle tante "Ville Tristi" italiane, in cui i nazifascisti hanno installato un comando specializzato nella lotta antipartigiana, anche se sarebbe più corretto dire "nella tortura dei partigiani".

Sulla porta d'ingresso troneggia uno striscione con le parole del boia fascista Luigi Arduini, che amava ripetere con orgoglio: «Sotto le mie mani parleranno anche i morti». I prigionieri sono rinchiusi in cellette di pochi metri, separate l'una dall'altra da fragili muri di mattoncini traforati: non possono vedersi ma udirsi sì, e i carnefici sfruttano questa peculiarità della struttura. Si mostrano con i loro camici da macellai, lordi di sangue ("Avevan delle tute che erano tutte insanguinate, come che avessero ammazzato non so quante bestie"); prelevano un carcerato alla volta, lasciando gli altri nello sgomento, e si assicurano di riconsegnarlo in fin di vita, acciocché i compagni di sventura capiscano che è meglio parlare.

Ma nessuno parla, nella caserma di Ciano d'Enza. E difatti nessuno ne esce vivo, tranne Francesca. Che è incinta di almeno cinque mesi, ma comunque viene torturata ogni giorno per trenta giorni di seguito, in modi inimmaginabili. Faccio fatica già solo a scrivere quello che le hanno fatto, tanto è osceno e indicibile, la stessa Francesca ha dovuto far passare decenni prima di riuscire a verbalizzare l'orrore che ha vissuto. Ma ricordare è necessario.

Tutte le prigioniere il primo giorno erano obbligate a spogliarsi e poi lasciate nude, se opponevano resistenza venivano loro strappati i vestiti di dosso; lei è stata picchiata, schiaffeggiata, pestata in qualsiasi modo immaginabile; poi, essendo donna, i nazifascisti le hanno strappato un seno a morsi, amputandole un capezzolo, e l'hanno penetrata ovunque, con manici di scopa e altri oggetti.

Francesca, l'abbiamo anticipato, non parla. Ma nemmeno muore. Stabiliscono quindi di spedirla insieme ad altri al campo di concentramento di Buchenwald. Sotto la minaccia di ritrovarsi lontana dalla sua terra, dalla sua gente, dalla sua lingua, la partigiana decide di tentare il tutto e per tutto. La muove la forza della disperazione: *Se mi ammazzo, almeno sono a casa mia*, pensa. *Almeno muoio libera*.

Appesa alla catenella della latrina spicca un salto verso

l'unica, altissima finestrella presente nelle stanze a disposizione dei detenuti, per miracolo riesce ad aggrapparsi alla traversa e, raspando con i piedi nudi contro il muro, si spinge all'esterno. Due piani la separano dalla libertà e lei si cala tenendosi al pluviale ghiacciato della grondaia. È scalza, svestita, perde sangue da tutte le parti. Si incammina nella neve, deve percorrere più di tre chilometri prima di incontrare qualcuno che le dia aiuto, la riporti al suo paese. A quel punto però deve entrare in clandestinità, non può stare lì, metterebbe tutti in pericolo. Di nascosto sale sul suo cavallo, un vecchio stallone contadino con le zampe grosse e la forza di un aratro, e si avvia verso la montagna, alla ricerca del comando partigiano dove crede si trovi il padre di suo figlio. Quando arriva, nel gennaio del 1945, è scheletrica, ferita, con i piedi congelati. Non cavalca, non ha potuto prendere la sella, e peraltro non ha l'energia né la capacità per galoppare a pelo: come Anita si fa portare dall'animale, che sembra capire la sua missione.

Il compagno di Francesca si trova in un altro distaccamento, si incontreranno dopo qualche tempo. Lei, appena si riprende quel tanto che è necessario, si dà subito da fare e torna a essere una risorsa preziosa della Resistenza: coordina altre donne e, appena possibile, ricomincia a fare la staffetta, ma solo a cavallo, a causa dei danni riportati ai piedi.

Il suo bambino nasce e subito purtroppo muore, non poteva essere diversamente dopo quello che aveva passato. Ma nonostante questo inimmaginabile dolore, dopo la guerra, grazie alla libertà finalmente riconquistata, Francesca trova la forza di rialzarsi, ricostruirsi una vita e mettere al mondo altre tre creature. Queste erano le donne che il fascismo considerava "per natura" inferiori.

Ma torniamo alla famiglia Garibaldi, che nel frattempo si è spostata in Uruguay. Di Menotti ho già detto: partorito in una fazenda in mezzo alla selva brasiliana. Gli altri tre figli vengono al mondo in una misera casupola alla periferia di Montevideo.

I due guerriglieri non hanno un *peso*, Garibaldi si è sempre rifiutato di prendere soldi dalle nazioni per cui ha combattuto. Non resta che trovarsi un lavoro: lui comincia a insegnare matematica in un collegio, lei a fare la sarta. Nel 1842 il prete della parrocchia di San Francesco decide di prendere per buona la dichiarazione formale di Garibaldi sulla morte certa, certissima, del primo marito di Anita, e li sposa.

Raccontati così, questi sembrano persino anni tranquilli. Di povertà, di sacrificio, ma almeno nessuno spara, non ci sono rivoluzionari da nascondere, attacchi da pianificare. E invece pure in Uruguay era scoppiata la guerra. Nel 1843 le truppe argentine assediano Montevideo, e Garibaldi viene prontamente arruolato come comandante nell'esercito locale mentre Anita rimane con i figli. Ma non è fatta per stare lontano dall'azione: all'inizio, non potendo affiancare il marito, si prodiga come infermiera, però finisce per prender parte allo scontro di San Antonio, in cui Garibaldi, alla testa di centonovanta uomini, sbaraglia più di mille soldati avversari. Eccola di nuovo tra i fumi della battaglia, intenta a ricoprire mille ruoli, senza mai retrocedere davanti al pericolo.

È una vita che fa venire le vertigini, la sua, che non sembra reale ma frutto di una narrazione epica, al pari di quelle delle Amazzoni o delle Valchirie. Eppure è tutto vero, e io non posso fare a meno di chiedermi come faccia la combattente Anita a combattere la paura. Di certo avrà temuto pure lei, per i figli, per sé, per il marito... Tutti abbiamo paura, anche le eroine e gli eroici condottieri. Forse, le loro sono paure diverse. Più che la morte e il dolore, sono raggelati dalla possibilità di vivere sotto un regime che toglie la libertà: è ancora e sempre lei la musa che dà il coraggio di agire in condizioni estreme. Deve essere così, altrimenti non si spiega come sia possibile che Anita stia per scegliere di mettersi ancora una volta in viaggio e attraversare l'oceano.

Per la verità si dice che la determinazione a raggiungere a ogni costo Garibaldi derivasse anche da una certa gelosia che Anita provava per le fan del guerrigliero; pare che non tollerasse rivali e sull'argomento sono fiorite folkloristiche leggende. Si narra addirittura che, quando sospettava di qualcuna, si presentava al marito con due pistole cariche in mano: una per lui e una per l'eventuale amante (!). Senza dubbio le bimbe di Giuseppe erano numerose, il classico codazzo che ogni rivoluzionario si porta appresso come conseguenza inevitabile del suo appeal. "Compagne di Garibaldi" è una materia così intricata da meritare persino un paragrafo a parte sul profilo Wikipedia del condottiero. Dopo Anita si sposò altre due volte, ebbe innumerevoli amanti, una relazione e una figlia con la domestica che badava alla casa di Caprera, otto eredi legittimi e chissà quanti fuori dal matrimonio. Ma al momento c'è solo lei.

Dopo alcuni anni di battaglie uruguaiane, all'orecchio di Garibaldi erano giunte voci seducenti come il canto delle sirene: anche in Italia sta per scoppiare la rivoluzione. Qualche mese per sistemare le cose e potrà partire, ma donna e bambini possono già lasciare il paese. Nel dicembre del 1847, Anita quindi sale su un bastimento con i tre figli, in braccio l'immancabile neonato, questa volta Ricciotti (e la scultura equestre al Gianicolo ora comincia a piacermi). Sbarca a Genova, dove viene accolta da una folla festante. Da lì si sposta a Nizza e si installa a casa della suocera, che però non vede di buon occhio la brasiliana che ha stregato il figlio. Garibaldi si ricongiunge alla famiglia sei mesi dopo, ma riparte immediatamente alla volta dell'Italia, per partecipare alla Prima guerra di indipendenza. Passa un anno, durante il quale Anita a tratti lo raggiunge sul campo, si prende cura dei suoi reumatismi, lo consiglia e lo assiste, e nel frattempo contribuisce a organizzare infermerie e sartorie che confezionano le divise delle truppe rivoluzionarie.

Nel giugno del 1849, invece, torna come combattente al fianco del marito. Sono gli ultimi giorni della Repubblica Romana, di cui Garibaldi è deputato: dopo qualche mese di gloria democratica Pio IX si era stufato e aveva chiamato a raccolta due o tre eserciti amici per scacciare gli invasori. Roma è in subbuglio, sta per essere attaccata. Anita potrebbe rimanere al sicuro a Nizza, a casa della suocera, con i figli, ma non ci pensa due volte e parte, nonostante sia incinta di quattro mesi.

Alexandre Dumas, uno dei generali di Garibaldi in quest'impresa, ha raccontato di aver assistito al loro incontro dopo mesi di lontananza. Lui non la bacia, non la abbraccia, ma la presenta ai compagni di lotta così: "Questa è Anita, ora avremo un soldato in più!". Si sbaglia, non hanno solo un soldato, ma anche un'infermiera esperta e un'eccezionale coordinatrice.

E non è l'unica donna: mi fa piacere citare almeno altre due straordinarie protagoniste di quella battaglia, la principessa Cristina Trivulzio di Belgiojoso, che organizza gli ospedali (compito arduo, vista la difficoltà di reperire strumenti chirurgici, che lei assolve con creatività e competenza), e l'americana Margaret Fuller, la prima inviata di una testata prestigiosa come il *New York Daily Tribune* al quale la giornalista manda articoli dettagliati durante la rivolta. Margaret è un'intellettuale poliglotta che ha scritto saggi femministi e tradotto Goethe in inglese, ma si rimbocca le maniche e scende in campo per gli ideali mazziniani. Arrivata dagli Stati Uniti nel 1847, passando per Londra e Parigi, appena giunge a Roma incontra il marchese Giovanni Angelo Ossoli, aristocratico squattrinato e rivoluzionario di dieci anni più giovane di lei: subito scoppia un grande amore non previsto e la coppia, in capo a un paio d'anni, ha un figlio e si unisce agli insorti della Repubblica Romana. Margaret si occupa in particolare della direzione delle ambulanze, che fanno la spola tra le barricate e l'ospedale Fatebenefratelli e, quando questo è ormai pieno, si dirigono verso il palazzo del Quirinale.

Sono un gruppo di donne, combattenti tenaci, efficienti e senza pregiudizi, che per curare i feriti non esitano ad arruolare prostitute accanto alle discendenti delle più nobili famiglie romane. Fra loro c'è una giovanissima Florence Nightingale, che proprio durante questa esperienza impara i rudimenti del mestiere che rivoluzionerà in futuro, fondando l'assistenza infermieristica moderna.

Sappiamo tutti com'è andata a finire: ai primi di luglio la resistenza sul Gianicolo è costretta a cedere, la Repubblica viene soppressa, Pio IX riprende possesso del suo trono e gli insorti, quando non imprigionati, sono costretti alla fuga, mentre la nuova Costituzione – un inedito modello di democrazia – viene subito buttata alle ortiche.

Delle eroine che, con coraggio, non si sono risparmiate per assicurare i soccorsi il papa dirà cose orribili, nella più pura tradizione sessista in salsa cattolica: pur di infangarle il Sommo Pontefice arriverà a solidarizzare con le vittime repubblicane, accusando scandalizzato le patriote di aver costretto "i poveri infermi, in lotta con la morte e privati di tutti i conforti della Religione, a rendere l'anima fra gli allettamenti di qualche sfrontata meretrice". Si torna sempre lì, all'insulto più vecchio del mondo, a quanto pare il primo e più semplice da affibbiare alle donne che finalmente decidono di alzare la testa e fare a modo loro.

Ma Cristina di Belgiojoso si rifiuta di tacere e gli risponde a tono, affermando in una lettera che quelle volontarie "erano state per giorni e giorni al capezzale dei feriti; non si ritraevano davanti alle fatiche più estenuanti, né agli spettacoli o alle funzioni più ripugnanti, né dinnanzi al pericolo, dato che gli ospedali erano bersaglio delle bombe francesi".

Parole sufficienti a farmi pensare che anche la storia delle protagoniste del Risorgimento andrebbe riscritta, come quella delle donne della Resistenza, liberandola dalla retorica polverosa che ancora oggi ammanta le cosiddette "madri della patria", nella realtà molto più moderne, libere ed emancipate di quanto una narrazione imbalsamata abbia voluto farci credere.

In seguito alla sconfitta Margaret, il marito e il loro bambino riparano a Firenze e nel luglio del 1850 riescono fortunosamente a imbarcarsi per l'America. La giornalista ha con sé il manoscritto che ha appena ultimato e spera di pubblicare nel suo paese per far conoscere a tutti le straordinarie imprese della rivoluzione italiana, ma in vista del porto di New York la nave che li trasporta s'incaglia nelle rocce e si inabissa. Nessuno della famiglia sopravvive e il suo libro non vedrà mai la luce.

Intanto Garibaldi, nonostante la disfatta, non si dà per vinto e cerca di riorganizzare le fila dei suoi, donando loro un'ultima speranza: «Io non offro paga né quattrini, né provvigioni, offro fame, sete, marce forzate e morte. Chi ha il nome d'Italia non solo sulle labbra ma nel cuore, mi segua». Lo seguono in più di tremila, con la speranza di esportare la rivoluzione nelle province dello Stato pontificio. Anita potrebbe arrendersi, prendersi una pausa, nascondersi. Ma niente da fare, nonostante la quinta gravidanza non molla. Diversi pittori la ritraggono mentre cavalca al fianco del marito, alla testa di quel che rimane dell'esercito: si è tagliata i capelli e indossa la casacca da ufficiale della legione. Puntano verso Venezia, ultimo baluardo repubblicano in Italia.

Il viaggio è allucinante, la gente li accoglie bene, ma non tutto il territorio è con loro, a tratti devono ancora combattere. Più volte contadini o fattori si offrono di ospitare Anita e di prendersene cura: è molto affaticata, troppo per una donna in salute. Infatti ha contratto la malaria, che piano piano la sta divorando. Ma lei rifiuta stoicamente qualsiasi aiuto, vuole arrivare in fondo a quella che è ormai diventata una ritirata, e così la malattia peggiora.

A San Marino i garibaldini si disperdono, Anita e Giuseppe procedono con un piccolo gruppo di uomini fidati. A Cesenatico si impossessano di alcune barche e fanno finalmente rotta verso Venezia. Lei sta sempre peggio. Quando viene preso a cannonate da qualche ligio generale papa-friendly, il gruppo si divide: metà affronta il nemico, l'altra metà sbarca e cerca un riparo per lei. Non è semplice: in quelle lande le case sono più distanti dei pianeti, e per di più la terra non è mai bella asciutta, ma lagunare, molle, gli scarponi affondano. Inizia in quel momento la cosiddetta "trafila", cioè i quattordici giorni di fuga e spostamenti continui che serviranno per portare il comandante in salvo e che saranno fatali a sua moglie. A questo punto la nostra musa sta talmente male che può solo farsi portare a spalla fra le canne. Dopo varie tappe, grazie all'aiuto delle popolazioni locali i garibaldini giungono a una fattoria ritenuta sicura: il fattore è repubblicano, apre la porta e dà asilo ad Anita. Che muore lì, di malaria, di privazioni e di fatica, tra le braccia del marito. La sua morte però è avvolta da qualche mistero; versioni non ufficiali della storia raccontano che fu abbandonata morente dal suo José o addirittura strangolata da qualche sottoposto, per non intralciare la ritirata.

Il corpo della guerrigliera, spostato più volte, giunge nel monumento al Gianicolo solo nel 1932. Alla cerimonia di inaugurazione partecipano delegazioni di decine di paesi, inclusi quelli in cui Anita ha combattuto.

Dopo aver divorato d'un fiato la sua biografia mi sono totalmente ricreduta e ora trovo struggente la sua statua a cavallo, specialmente perché appare sul colle romano dopo un suggestivo viale punteggiato da un'infinita sequenza di "padri della patria", tutti uomini, omaggiati da solenni busti marmorei baffuti e ricoperti di medaglie. Lei, invece, si erge spavalda senza divise e onori, e con quel bambino in braccio mentre cavalca e spara in aria mi fa pensare con un sorriso a tutte le madri di oggi che, per arrivare in fondo alla giornata, sono costrette a elaborare strategie paramilitari da far invidia alle guerriere della storia.

Faccio ancora fatica a convincermi che Anita, quando è morta, avesse solo ventotto anni. Eppure la cronologia della sua vita me lo conferma ogni volta che, incredula, torno a controllare. Sempre che si possa pensare a lei come a una persona che ha vissuto un'esistenza sola... Forse quel che appare eccezionale diventa normale dalla prospettiva di chi è pronto a pagare qualsiasi prezzo pur di seguire la musa della libertà.

È quel che ha fatto Anita Garibaldi insieme alle altre protagoniste di quella stagione pazzesca che fu il Risorgimento italiano; è quel che hanno fatto le partigiane come Francesca Del Rio insieme ai loro compagni; ed è quello che tuttora continuano a fare milioni di persone sparse in ogni angolo del globo.

Penso a quante e quanti stanno protestando in Iran dopo la morte di Mahsa Amini, una ragazza di ventidue anni pestata a morte da una pattuglia della polizia morale poiché, a loro dire, "malvelata". Indossava cioè il velo in un modo ritenuto non conforme all'*ḥisbah*, principio coranico che invita ad apprezzare ciò che è giusto e disprezzare ciò che è sbagliato. Peccato che tale condivisibile concetto venga storpiato nei modi più osceni e molto spesso, guarda caso, divenga spunto per accanirsi sul corpo delle donne e sulla loro vita, legiferando su come queste debbano vestirsi, truccarsi, comportarsi, studiare e leggere (quando autorizzate a farlo), con chi e fino a che ora possano uscire. Costringendole ancora una volta all'unico ruolo obbligato di continuatrici della razza o della stirpe, o qualsiasi altro sinonimo decidiate di usare consultando la Treccani.

In uno Stato che tuttora prevede la possibilità per le donne che si mostrino in pubblico senza velo di essere punite a frustate, cos'è che spinge centinaia di ragazze a toglierselo, urlando in coro «donna-vita-libertà»? È sempre e soltanto il bisogno insopprimibile di autodeterminazione – di poter decidere per se stesse, per il proprio corpo, per la propria esistenza tutta. Nonostante il rischio di tortura o morte.

"Meglio morte che cancellate", per dirla con lo slogan coniato dalla ventottenne Laila Basim, valente economista afghana che, con il ritorno dei talebani, non ha più potuto lavorare e ha fondato una biblioteca per donne a Kabul, proprio nel centro di potere del paese che vieta alle ragazze di istruirsi dopo gli undici anni. «La mia paura non è per me» dichiara Laila, «ma [...] che arrivi il giorno in cui questo gruppo estremista ci chiuderà del tutto nel buio, e allora la nostra voce morirà, non potrà più chiedere libertà e uguaglianza.» Meglio morte, appunto, che cancellate. Purtroppo il regime ha spento anche questa ultima fiammella, le porte sono state sprangate, i libri sequestrati. Ma Laila non si arrenderà facilmente e sono certa che proverà in tutti i modi a portare avanti la sua «guerra delle penne contro le pistole», come la chiama. È nostra responsabilità, invece, non lasciarla sola e continuare a parlare della sua lotta, tenendo accesi i riflettori su un angolo di mondo molto più vicino di quel che appare.

Non si è ancora analizzato a fondo il motivo per cui le donne libere fanno così paura. Così tanta che la società patriarcale ha inventato trappole e trabocchetti di ogni sorta per rallentare la loro corsa. Che questo fosse del tutto insensato l'aveva affermato già nel 1845 Margaret Fuller, la nostra giornalista ed eroina risorgimentale, in un'opera visionaria, intitolata *La donna nel Diciannovesimo secolo.* Secondo lei, il vero valore aggiunto di un maggiore coinvolgimento delle donne nella vita pubblica sarebbe stata una generale "femminilizzazione della cultura" che avrebbe portato nel tempo a una drastica diminuzione delle violenze in ogni campo. Avanguardia pura, ovviamente disprezzata dai suoi contemporanei, scrittori inclusi, che non risparmiarono all'autrice un bagno di sarcasmo. Edgar Allan Poe, per esempio, pur riconoscendo il suo talento la definì «*ill tempered old maid*», cioè "vecchia zitella isterica", e Margaret aveva poco più di trent'anni! Il trascendentalista americano Octavius B. Frothingham, invece, alla sua tragica morte commentò lapidario: «*It was just as well so*», "è andata bene così". Una minaccia in meno per il secolare *status quo* di privilegi maschili. Margaret faceva paura perché aveva le idee molto chiare quando scriveva: "È tempo, in questo tempo, che la Donna, l'altra metà dello stesso pensiero, l'altra stanza nel cuore della vita, prenda il suo turno e inizi a pulsare appieno; e si migliorerà la vita delle nostre figlie femmine, cosa che sarà di massimo aiuto perché migliorino e mutino anche i nostri giovani figli maschi".

C'è poco altro da aggiungere, non trovate? Una lezione esemplare che ancora oggi, quasi duecento anni dopo, fa fatica a circolare tra i nostri banchi di scuola.

CATTIVA MAESTRA

Colette, la vendetta della musa

I capelli sono radi ma dinamici, come fili elettrici attraversati da una scossa, e le incorniciano la testa in una nuvola impalpabile. Per nascondere l'insulto degli anni indossa l'immancabile camicetta con vistoso fiocco al collo, mentre il volto anziano è dipinto a nuovo con una sapienza cosmetica che le deriva dai trascorsi da estetista quando, nel *salon de beauté* che aveva aperto a Parigi, imbellettava e incremava le dame del bel mondo con intrugli creati da lei: attività ben remunerata che non temeva di alternare alla scrittura di libri restati memorabili. Sulla pelle incipriata con farina di riso la mano tremolante per l'artrosi è ancora abile nel ricostruire a memoria i tratti impertinenti di una ragazzina. Nel disegno astratto di *rouge à lèvres* dalle sfumature confetto e ombretti color cielo, bastano gli occhi vispi da strega a dare vita alla sua ennesima rappresentazione.

Colette sta per morire ma è ancora cattiva, pungente e desiderosa di vendetta.

Anche se ha deciso di abbandonare la battaglia ed è sempre più lontana, rinchiusa in una bolla di silenzio che la prepara alla fine, non perde la curiosità dei suoi giorni gloriosi. Dalla finestra affacciata sul giardino del Palais Royal domina il mondo e si diverte a immaginare trame scandalose per ogni sconosciuto che passeggia tra i filari dei tigli perfettamente sagomati a parallelepipedo – "*en marquise*", come si dice. Ormai è costretta all'immobilità ma la maledetta malattia anchilosante che le divora il corpo non riesce a intaccare il suo spirito e scrive fino all'ultimo, sdraiata su una specie di letto-divano che chiama affettuosamente "la mia zattera". Come una naufraga dell'esistenza ha tutto a portata di mano: libri, fogli, mazzi di penne come fiori; i gatti, naturalmente, e lo scrittoio, che abbraccia al pari di un'ancora di salvezza, regalo prezioso della principessa Winnaretta de Polignac, amica fedele e forse anche qualcosa di più. Ogni etichetta sarebbe superflua, visto che amicizia, amore e desiderio viaggiano da sempre insieme per Colette, che non ha mai rinunciato a nessun piacere. «Il tempo della scoperta non finisce mai» come ama ripetere ai suoi amici.

E perfino adesso che non riesce più a muoversi, se ha voglia di degustare un buon bicchiere di Bourgogne insieme a qualche cibo prelibato, si fa portare a braccia su una poltrona proprio sotto casa a Le Grand Véfour, ristorante paradisiaco frequentato nel tempo da ogni celebrità. Oggi è inavvicinabile, ma vale la pena trascorrere un'intera vacanza a pane e acqua per concedersi almeno una cena nella sontuosa sala storica tappezzata di specchi e boiseries Louis XVI, rincorrendo i fantasmi del passato. Mi piace immaginarla seduta al tavolo che fu di Napoleone Bonaparte, fiera come la vera imperatrice dei francesi, mentre l'amico di una vita Jean Cocteau è intento a decorare i menu con il suo tratto essenziale. Buongustaia golosa, si abbandona ai deliziosi intingoli che il fidato chef Raymond Oliver con reverenza prepara per lei, ma apprezza anche delle semplici tartine burro e alici, sempre se il pane è ben cotto e lievitato a dovere. Pochi ricordano che, oltre a una sterminata quantità di romanzi, *pièces* teatrali, memoir e reportage, Colette ha scritto con dovizia di particolari anche di cucina: il palato la inebria, come tutti i sensi, e la parola "rinuncia" non fa parte del suo vocabolario. Anche per questo è indifferente all'imminente arrivo della fine. Solo la vita le interessa, non le rimane che la sua proverbiale avidità, della morte non sa che farsene.

La scrittrice è ormai considerata un monumento nel suo paese e quando nel 1953 compie ottant'anni la Francia le attribuisce la più alta onorificenza nominandola Grand'Ufficiale della Legion d'onore. Eppure, frugando nei dossier ufficiali, si scopre che l'ambito riconoscimento è stato a lungo ostacolato: un coro di notabili riteneva immorale premiare come esempio patriottico una divorziata che si era esibita nuda sui palcoscenici del varietà e, non contenta, aveva pure intrattenuto relazioni sessuali con donne e uomini di ogni età. Una condotta considerata troppo libertina e, quel che è peggio, sfoggiata con fierezza dalla protagonista, che non ha mai fatto mistero delle sue scelte audaci e temerarie, votate solo all'inseguimento del desiderio. D'altronde è tutto nei suoi libri, perché la scrittrice si è sempre raccontata con totale sincerità. Sia che vestisse i panni dell'adolescente o della signora *agée*, Colette ha continuato a distillare l'esperienza personale in una letteratura spregiudicata e innovativa, inaugurando quel genere chiamato autofiction: un talento che non poteva che scatenare le critiche dei soliti benpensanti. Ma alla sua morte, nell'agosto del 1954, i francesi, riconoscenti, la onorano con un funerale di Stato: la seconda donna dopo Sarah Bernhardt a ottenere un simile privilegio.

Quel giorno il giardino rettangolare del Palais Royal, il "suo" giardino, è gremito di una moltitudine variopinta di persone giunta da ogni angolo del paese per tributarle l'ultimo saluto. Incorniciata dai portici, la bara ricoperta con la bandiera tricolore è issata su un alto catafalco affiancato dalla guardia d'onore; tutto intorno un'aiuola improvvisata di fiori blu, il suo colore preferito. Blu i suoi occhi, scuri come le ali delle rondini; blu la luce fioca della lampada che illuminava il suo lavoro; blu più pallido i fogli che sceglieva con cura per scrivere a mano le parole tremolanti dei suoi libri: arabeschi cifrati di una lingua in purezza che nella penombra sembravano prendere vita trasformandosi in insetti rari o svolazzanti farfalle. Mischiate alla folla in un silenzio spettrale sono schierate le istituzioni al gran completo: il prefetto, la polizia, i principi di Monaco (che l'hanno sempre venerata), alcuni membri del Parlamento e gli esponenti dell'Académie Goncourt, di cui la scrittrice era presidente. Più colorato il drappello degli artisti del cinema e del music-hall – la sua vera famiglia – e sullo sfondo con timide dalie strette al petto si scorgono i cittadini di Saint-Sauveur-en-Puisaye, il dolce paese, l'eden perduto dell'infanzia.

Le lacrime e il caldo umido dell'agosto parigino confondono i contorni del paesaggio; per un incantesimo a tutti sembra ancora di vederla apparire, simile a un miraggio, incorniciata dalla sua finestra, come fosse lo stendardo di una santa laica pronto per la processione. Ma non ci sarà alcun funerale religioso. Anche se il marito Maurice ha fatto domanda alla chiesa di Saint-Roch, l'arcivescovo di Parigi si rifiuta di accogliere la sua anima di peccatrice che, per quanto ripulita nelle biografie a uso delle antologie scolastiche, odora ancora di zolfo. Il dibattito pubblico scatenato da questo diniego non avrebbe appassionato la scrittrice, allergica a ogni redenzione. Colette non crede nell'aldilà, il suo paradiso è il presente dei sensi. Nel 1949, a un giornalista che le aveva domandato: «Secondo lei la vita ha un senso?», aveva risposto seccamente: «Per quel che ne so io la vita viaggia a senso unico, ovvero verso l'uscita».

Piuttosto, Madame si sarebbe riconosciuta nelle parole di Jean Cocteau, il poeta dal naso puntuto e dagli amori teneri con cui aveva passato notti insonni affollate da confidenze. Solo lui la conosceva a fondo e, al momento di ricordare l'amica scomparsa all'Accademia di Lingua e letteratura francese, si scaglia contro la favola ufficiale, che per redimerla la dipinge come una donna docile e affabile, e, senza mezzi termini, la definisce una creatura mostruosa. Mostruosa perché geniale e "il genio non può che essere un vizio sublime dei sensi e dell'anima, una depravazione morale...". Colette è mostruosa proprio come la Natura che svela con la sua prosa visionaria. È mostruosa come una belva pronta a graffiare per difendersi: allo stesso tempo pericolosa e innocente, perché ignora i confini del bene e del male.

Solo una donna che per emergere nella giungla della vita è stata costretta a fare la musa, nascondendo il proprio talento dietro un altro nome, può arrivare a tanta caparbietà.

Sidonie-Gabrielle nasce a Saint-Sauveur-en-Puisaye, in Borgogna, il 28 gennaio 1873. Colette è il cognome del padre, un ex capitano zuavo che ha perso una gamba nella battaglia di Melegnano; la madre, Adèle-Eugénie-Sidonie Landoy, detta Sido, è una donna colta e originale, insofferente alla religione tanto che per sopportare la noia della santa messa nasconde sotto al banco un libro di Corneille, da leggere durante la funzione. Quest'ultimo episodio non viene però riportato nei testi scolastici, perché la vita di Colette, per risultare digeribile alle istituzioni, è stata sbiadita da numerosi lavaggi, fino a renderla insapore e inodore. Lo sbiancamento è riuscito così bene che io stessa, prima di eleggerla nell'Olimpo delle mie muse vendicatrici, l'ho a lungo annoverata tra le scrittrici francesi di seconda fila, troppo mondane, popolari e poco femministe per meritare un posto sul podio, accanto a Simone de Beauvoir.

È vero che Sidonie-Gabrielle era allergica a ogni impegno civile, che la bella vita effervescente dei salotti l'attraeva più di qualsiasi convegno di suffragette, ma la sua battaglia personale è stata dirompente come un manifesto politico valido ancora oggi per quante vogliano evadere dall'eterna gabbia di stereotipi e pregiudizi e scappare a gambe levate verso la libertà.

Strabiliante che a compiere questa rivoluzione sia stata una ragazza di fine Ottocento, vissuta in provincia e per di più senza dote. La strada dell'emancipazione all'epoca si presentava parecchio in salita: volendo escludere il convento e una vita da mantenuta, il matrimonio appariva spesso come l'unica possibilità di sopravvivenza. Tuttavia, accalappiare un buon partito nelle sue condizioni non era un'impresa facile.

Colette, che ancora tutti chiamano Gabrielle, ha diciassette anni, una montagna di capelli ricci che le arrivano ai fianchi, un naso impertinente e una curiosità insaziabile, pari solo al suo proverbiale appetito. Purtroppo la famiglia ha subito vari tracolli economici, e questo non è certo un buon trampolino di lancio per le sue ambizioni.

Sin da bambina Gabrielle non crede nelle favole, non le ha mai amate; a sette anni le ha sostituite con l'opera completa di Balzac, che invece conosce a menadito: "Sono nata con Balzac, è stato per me culla, foresta, i miei viaggi". E, per entrare nel nuovo secolo, che si preannuncia parecchio elettrizzante, a un ruolo da Cenerentola preferisce di certo una parte da protagonista della nuova *Commedia umana* ancora tutta da scrivere.

Quando incontra Henry Gauthier-Villars, più noto negli ambienti letterari e mondani come "Willy", il puzzle confuso del suo destino comincia a prendere forma.

I genitori del futuro marito gestiscono a Parigi una fiorente attività editoriale. Mai avrebbero acconsentito al bizzarro matrimonio con una provinciale senza mezzi se Willy, impenitente donnaiolo, non avesse appena messo incinta una concubina sposata e per di più moribonda. Quando la famiglia della giovane Gabrielle, pur di sistemare l'esuberante figliola, si offre di farsi carico del nascituro, l'affare è fatto. La madre della futura scrittrice è un'anticonformista, ha già messo in imbarazzo gli abitanti del suo piccolo villaggio accogliendo in casa vagabondi, cani randagi e ragazze madri. Tutti ormai a Saint-Sauveur la conoscono e sanno che si prende più cura delle piante del giardino che dei pettegolezzi dei vicini: è chiaramente da lei che Colette ha ereditato, insieme alla forte passione per la natura, una totale indifferenza per gli scandali.

Le privazioni, invece, non le sopporta. Quando la bella casa dell'infanzia è messa all'asta per debiti, alla vista dei mobili della sua cameretta portati via dai facchini Gabrielle piange le prime lacrime di rabbia che si sedimentano nel profondo, cominciando a formare la dura scorza del suo carattere. Per fortuna il matrimonio, come un provvidenziale tornado, la scaraventa in quello che era allora l'ombelico del mondo, ovvero la Parigi della Belle Époque.

Le foto ufficiali del grande evento mostrano un uomo maturo con baffi a manubrio, il pizzetto e un'alta tuba come cappello; la sua presenza imponente riempie l'inquadratura sovrastando la sposa, un'adolescente con gli occhi sognanti vestita di mussola bianca. A un primo sguardo può sembrare che Gabrielle sposi quello che sembra un barbablù, più che un romantico principe azzurro, solo per evitare la condizione di zitella: non è così.

Willy ha quattordici anni più di lei e, anche se non si può definire una bellezza, possiede il fascino dell'uomo navigato che sa muoversi con abilità nel complesso ecosistema della società parigina di fine secolo. Editore, scrittore, giornalista, rispettato critico teatrale, ama in ordine sparso le belle donne, i giochi di parole e i liquori esotici: è ovunque, alle prime dei teatri, nei club che contano e nelle alcove di svariate amanti. Si circonda di adulatori che nutrono il suo ego e gestisce un'officina di giovani autori sconosciuti, veri e propri schiavi a libro paga, pronti a sfornare senza sosta libri e articoli che lui firma, aumentando il proprio prestigio personale. Una lode o una critica della sua temuta penna possono far decollare o sotterrare per sempre una carriera.

Willy incarna lo spirito del tempo. Se fosse vissuto ai nostri giorni l'avremmo definito un influencer; agli occhi incantati di Colette appare come un personaggio del suo scrittore preferito: proprio come un eroe di Balzac, monsieur Gauthier-Villars è pronto a sfidare a duello chiunque gli manchi del dovuto rispetto, e non sono in pochi, visto che lui, insieme a un carattere fumantino, possiede anche l'incorreggibile propensione a sedurre donne sposate.

La strana coppia suscita la curiosità del bel mondo, tutti si domandano cosa abbia trovato in quella ragazzina l'uomo influente che può avere tutte le *femmes fatales* di Parigi. L'interrogativo ricorre nelle innumerevoli biografie di Colette, ma la lettura della complicata alchimia che regola i rapporti di coppia è spesso indecifrabile e misteriosa. Nessuno di noi potrebbe affermare con certezza cosa lo leghi veramente all'amore della vita, perché le parole non sono sufficienti a districare quell'intreccio di sentimenti – a volte contrastanti – cui ci arrendiamo, abbandonandoci nelle braccia di chi a volte è un nemico da cui dovremmo fuggire.

Senza dubbio, della giovane Gabrielle il marito ammira la prorompente vitalità unita alla freschezza spontanea di un'*enfant sauvage* vissuta in campagna a contatto con la natura; è la sua *toy-girl* curiosa e intelligente che può sfoggiare in società alla stregua di un giocattolo esotico, continuando nel frattempo a condurre una vita scapestrata e fitta di impegni. Come tutti i viveur anche Willy è colto a tratti dalla vertigine del vuoto, quel sottile mal di vivere che i francesi chiamano *ennui*, una noia malinconica che ha portato molti suoi amici all'alcolismo o al suicidio e la moglie, inaspettatamente, diventa per lui una formidabile medicina, un elisir che dispensa *joie de vivre* allo stato puro. Ancora non sa che presto si trasformerà in un tesoro ben più prezioso.

Gabrielle, ora madame Gauthier-Villars, grazie al marito è accolta nei circoli più in vista, frequenta teatri e cabaret e si ritrova a conversare con le menti più affascinanti del suo tempo. È ancora considerata una campagnola un po' rustica, ma la sua effervescenza naïf comincia a fare breccia. Col buffo accento arrotato della Borgogna intrattiene i commensali con spiritosi racconti della sua infanzia, e saranno proprio queste storielle l'arma della sua rivincita.

A prenderla sotto l'ala è un personaggio molto influente, madame Arman de Caillavet, amante in carica nonché musa ufficiale dello scrittore e poeta Anatole France.

Pare che la donna, dotata di uno spirito raffinato e di una rara intelligenza, sia stata il vero mentore del grande letterato, considerato oggi un padre morale della Francia. È lei a spronarlo nella sua attività letteraria e a suggerirgli posizioni politiche più ardite, conducendolo per mano verso la gloria. Madame Arman ospita tutte le domeniche un ambito cenacolo di intellettuali ed è famosa per la prolifica stesura di lettere colte e argute che rivelano la ricercatezza della sua scrittura; non è un segreto che l'introduzione firmata da Anatole a *I piaceri e i giorni* di Marcel Proust, caro amico di famiglia, sia tutta farina del suo sacco. Chissà, se il mondo fosse stato diverso anche madame Arman, invece di esaurirsi in una carriera di musa a tutto servizio, avrebbe potuto ambire al premio Nobel per la Letteratura conquistato nel 1921 dal suo protégé; invece si è dovuta accontentare di passare alla storia come l'ispiratrice del personaggio di madame Verdurin della *Recherche* proustiana: un'intrigante e perfida borghese soprannominata "la Padrona" che, appollaiata come un rapace su una poltrona damascata, tortura gli ospiti delle sue feste esclusive. Sarà madame Arman a sintetizzare l'unica filosofia da adottare per sopravvivere in quell'universo insidioso: «Il mondo va preso per quello che è... disprezzalo e sfruttalo». E la giovane Colette fa tesoro dei suoi preziosi insegnamenti.

L'apprendistato nei salotti parigini le sarà più utile del

diploma di scuola superiore ma, nel frattempo, non può che constatare il fallimento del suo sogno romantico: il marito la tradisce con noncuranza e lo fa apertamente, senza neanche provare a nascondersi. Alla sposa bambina non resta che piangere lacrime amare durante le lunghe serate solitarie passate ad aspettarlo. In più in casa i soldi scarseggiano, visto che Willy è appassionato di scommesse e investimenti azzardati. Colette avrebbe di che abbattersi, ma il miracolo del suo talento nasce proprio da queste delusioni.

Dopo essere passata – come molte muse dolenti – attraverso crolli nervosi e malattie più o meno immaginarie, Gabrielle scarta l'ipotesi della vittima predestinata, non ci pensa proprio a finire in qualche casa di cura tra quelle che lei considera le isteriche freudiane e reagisce con rabbia al destino di molte ragazze del suo tempo. Come un'abile alchimista impara a distillare la sofferenza tramutandola in una forza nuova. "Bisogna fare il pane con la farina che si ha" sostiene. E Colette possiede le parole. Inaspettatamente, forse anche per lei, la scrittura diventa un'arma di distrazione contro la gelosia e il disamore. Frase dopo frase, la nostra musa ricostruisce la sua dignità e prepara la resurrezione.

"Mi chiamo Claudine, abito a Montigny; ci sono nata nel 1884, probabilmente non ci morirò." Così comincia *Claudine à l'école*, il primo di una serie di fortunati romanzi ispirati alla sua infanzia che inaugurano un personaggio totalmente inedito per la letteratura francese. Nasce ufficialmente nel 1900 la figura della teenager ironica e disinibita, pronta a divertirsi e a cogliere ogni occasione che la vita può offrire. È la prima volta che una ragazzina parla in prima persona confessando al lettore tutti i suoi desideri, compresi i più maliziosi. Un capovolgimento copernicano rispetto alle tipiche protagoniste della letteratura rosa, capaci solo di esalare languidi sospiri.

Il libro ha un successo clamoroso, ma a firmarlo non è Colette, bensì Willy. Lo scaltro impresario intuisce la potenza di questi racconti e assolda nella sua factory di scrittori in incognito la giovane moglie, trasformandola in una vera gallina dalle uova d'oro.

Mentre la sua eroina di carta svela e incoraggia una nuova sessualità adolescenziale, Gabrielle, ormai ventisettenne, comincia a sperimentare inedite forme di amore trovando complicità nelle amanti di Willy. All'inizio forse intende compiacerlo, ma poi comincia a provarci un gusto sincero, diventando così pioniera anche nel campo che oggi etichettiamo con parole prese in prestito dall'inglese, come "queer" o "genderfluid": perché ancora adesso, dopo più di cento anni, non abbiamo il coraggio di chiamare la libertà con il suo nome.

Nella mia biblioteca di ragazza non c'era nessuna Claudine, forse epurata dalla prudenza di mia madre. Dovevo accontentarmi di Jo, la sorella meno dolciastra di *Piccole donne*; oppure, per assecondare qualche desiderio d'indipendenza, ero costretta a trasformarmi in personaggi maschili e vestire i panni di ragazzacci come Tom Sawyer o Huckleberry Finn. Ogni sensualità era bandita dal mio piccolo mondo antico, per scoprire stimoli più elettrizzanti ho dovuto aspettare l'avvento della musica rock. Ancora non sapevo che agli inizi del Novecento una scrittrice in erba ci aveva già aperto tutte le strade.

Il successo dei romanzi di Claudine è impressionante e porta alla coppia un nuovo benessere economico. Willy, forse per ripagare la moglie degli sforzi letterari, compra una casa in campagna dove Gabrielle può rifugiarsi e ritrovare quel contatto con la natura che tanto le manca da quando ha lasciato Saint-Saveur.

Rinvigorita nel fisico e nell'umore, l'autrice sforna un sequel dietro l'altro, incitata dal marito che mette a frutto il suo incredibile exploit creando un vero e proprio "brand Claudine". Una serie infinita di prodotti commerciali, quello che oggi chiamiamo merchandising, irrompe sul mercato: dal profumo ai saponi, dalle caramelle alla cipria, fino a un grembiulino con il colletto bianco, da scoletta malandrina. Tutte vogliono assomigliare a Claudine e, appropriandosi delle sue sembianze, conquistare un po' della sua impertinenza.

La stessa Gabrielle subisce una metamorfosi: per aderire al personaggio letterario che ha creato si taglia i lunghi capelli, orgoglio della madre, e indossa quei look da Lolita che tanto eccitano i gentiluomini come Willy. Non può firmare i libri che scrive e allora s'incarna nelle sue storie: anche questo è un modo per rivendicare la maternità del suo lavoro, che le è servito come una salvifica terapia. La sposa tradita è ormai una macchina da guerra della scrittura, ma è ancora il suo mangiafuoco a dettare le regole del gioco. A volte Willy non esita a chiuderla a chiave tutto il giorno in una stanza per costringerla a scrivere i racconti che hanno risanato le finanze familiari.

Come un burattinaio esperto, il marito trae dai romanzi uno spettacolo teatrale e a interpretare la protagonista chiama Polaire, una soubrette del music-hall che può tranquillamente passare per la sorella gemella della giovane moglie. L'uomo, che ha la pubblicità nel sangue, per lanciare la commedia non trascura nessun espediente e partecipa agli eventi più mondani della capitale in compagnia delle due ragazze vestite *à la Claudine*, "trascinandole come due animali sbronzi al guinzaglio" ricorderà Colette molti anni dopo, quando finalmente avrà trovato il coraggio di liberarsi da quel meccanismo perverso.

Come previsto, la messa in scena per sottolineare i contenuti scabrosi dello spettacolo suscita enorme scalpore e di conseguenza i teatri fanno il tutto esaurito. Che sia vittima o complice poco importa, Gabrielle respira a pieni polmoni tutte le nuove esperienze e scopre la magia del palcoscenico: è lì che vuole salire appena riuscirà ad aprire la gabbia in cui si è volontariamente rinchiusa.

Lo afferma lei stessa. D'altronde, la consapevolezza è per me uno dei suoi tratti più affascinanti: "Sono numerose le ragazze appena in età da marito che sognano di essere lo spettacolo, il giocattolo, il capolavoro libertino di un uomo maturo. È una brutta voglia [...] che va di pari passo con le nevrosi della pubertà, l'abitudine di sgranocchiare il gesso e il carbone, bere l'acqua dentifricia, leggere libri sconci e affondarsi gli spilli nel palmo della mano" scriverà Colette. È una frase che mette i brividi, ma è di una sincerità disarmante.

Con la stessa schiettezza, quando capisce che finalmente può muoversi con le proprie gambe mette fine al gioco della musa adolescente al servizio del suo Pigmalione e si lancia nella mischia per imporre la sua libertà di donna e di scrittrice.

Nel caleidoscopio di foto d'epoca che raffigurano Colette, tra pose osé e provocanti torna con regolarità l'immagine quasi statuaria di lei seduta al tavolo di lavoro in compagnia dell'amata gatta Kiki, la penna in mano, un'innocente camicetta bianca e lo sguardo concentrato all'inseguimento di una trama. Saranno proprio i divertenti e poetici dialoghi tra un gatto e un cane a dare vita al primo libro che firma anche con il suo nome, oltre a quello del marito. È un nuovo esordio, quasi acrobatico, che la proietta a pieno titolo nel mondo della letteratura che conta. Le critiche sono lusinghiere e tutti cominciano ad ammirare con stupore questo strano camaleonte che non rinuncia a nessuna delle sue molteplici identità.

È proprio la natura poliedrica di Colette, unita a una tenacia sovrannaturale, che mi ha conquistato rendendola una musa indispensabile in questa collezione di ritratti.

Non ci sono altruismo né sorellanza nel suo percorso ma, piuttosto, egoismo e ambizione, due parole che accostate a una donna fanno storcere il naso ma che per raggiungere una vera emancipazione è importante rivalutare. Per fortuna le "cattive maestre" come Colette vengono in nostro soccorso, ricordandoci che i sensi di colpa devono essere eliminati sul nascere, se vogliamo conquistare noi stesse. Le rivendicazioni di Gabrielle non sono mai sociali o politiche, ma sempre e solo personali, e non per questo meno istruttive di tanti manifesti femministi. Anzi, possono tornare utili ogni volta che, colte dall'ansia del giudizio o dei ricatti morali, abbiamo paura di imboccare strade diverse da quelle prestabilite.

Da questo momento in poi le scelte della scrittrice si susseguono a velocità folle. Tornando alla sequenza di fotografie che punteggiano la sua biografia la vediamo passare dai panni di Claudine a quelli di una vamp seminuda star del

Moulin Rouge, con gli occhi segnati da un violento eye-liner e un neo posticcio disegnato sulla guancia.

Ora accanto a lei – sul palco e nella vita – non c'è più il marito in marsina ma Mathilde de Morny, altrimenti detta "Missy", un'eccentrica nobildonna vestita da uomo con la quale intreccia un legame sentimentale che fa sensazione. Ed è nuovamente scandalo quando in teatro, interpretando una regina egizia coperta solo da alcuni gioielli, Gabrielle bacia con trasporto Missy. Lo spettacolo dura poco: accusato di oscenità, viene interrotto da un'irruzione della polizia, che costringe il celebre locale a sospendere l'esibizione.

Colette finisce di nuovo sulla bocca di tutti ma se ne infischia perché tutte le diverse figurine che compongono il suo album personale sono in realtà animate dallo stesso sentimento: un potente desiderio di indipendenza che la spinge a raffinare i suoi talenti e a buttare all'aria ogni ostacolo che si frappone tra lei e la vita che ha scelto.

Nel 1910 divorzia da Willy, che continua a inseguire nuove sosia di Claudine da aggiungere alla sua collezione. Non contenta, gli fa causa per rientrare in possesso dei diritti delle sue opere. Nel frattempo dà alle stampe una serie di nuovi libri firmati solo con il suo nome, che sanciscono definitivamente l'affrancamento dal marito.

Abbiamo già detto che non sono le barricate o i raduni di piazza i campi di battaglia frequentati dalla scrittrice; Colette non manifesta mai solidarietà nei confronti delle militanti per i diritti; i giudizi affilati che destina in quegli anni alle suffragette sono feroci ed è difficile trovare una sola riga nei suoi testi che metta in discussione il patriarcato o la supremazia maschile. Però nella sua opera non c'è un personaggio femminile che non sia femminista nel profondo dell'anima.

È la sua vita intera, costruita come una narrazione letteraria, a rivendicare un diritto fondamentale per le donne: quello al piacere in tutte le sue possibili declinazioni.

"Voglio fare quello che voglio. Voglio recitare nella pantomima, e anche nella commedia. Voglio ballare nuda, se il costume da bagno mi dà fastidio e umilia la mia plasticità. Voglio ritirarmi su un'isola, se mi va, o frequentare signore che vivono del loro fascino... Voglio scrivere libri tristi e casti, in cui ci siano solo paesaggi, fiori, dolore, orgoglio e il candore di animali affascinanti che hanno paura dell'uomo... Voglio amare chi mi ama e dargli tutto ciò che è mio al mondo: il mio corpo, che rifiuta di essere condiviso, il mio cuore gentile e la mia libertà! Voglio... voglio!"

Un manifesto programmatico che ha osservato con metodo, punto per punto, fino all'ultimo giorno.

Nel 1912 si risposa con il barone Henry de Jouvenel, giornalista e politico, dopo aver rifiutato un miliardario pazzo di lei; i soldi ha imparato a guadagnarseli da sola e, da scaltra regina del marketing qual è, non delude mai le aspettative del suo pubblico adorante, che divora qualsiasi libro, cronaca di costume o articolo scritto da lei.

Colette è finalmente diventata la musa di se stessa: grandi autori come Proust, Gide e Mauriac applaudono il suo stile fresco e originale e la battezzano come la vera novità della letteratura francese. Proust confessa addirittura di aver bagnato con vere lacrime di commozione molte pagine dei suoi libri.

L'anno successivo Colette mette inaspettatamente al mondo una figlia. La chiama Colette, come lei, ma per tutti sarà sempre Bel-Gazou, che in dialetto provenzale significa "bel cinguettio".

A quarant'anni compiuti l'evento la coglie di sorpresa, ma non le fa trascurare nessuno dei suoi obiettivi. La piccola viene spedita in campagna e Colette va a trovarla quando può o, piuttosto, quando le va; per lei la maternità non sarà mai una gabbia, anche se per questo sarà additata come cattiva madre. Condurre la vita che si è scelta indipendentemente dai figli è l'onta più grave che può marchiare una donna, al pari – se non peggio – di un peccato mortale. La maternità senza abnegazione totale è sempre stata considerata un crimine inconfessabile che ha scatenato abissali sensi di colpa in intere generazioni. Anche in questo Colette alleggerisce il nostro fardello e, comunque la si pensi, la fitta corrispondenza che ha intrattenuto con la figlia fino ai suoi ultimi giorni dimostra comunque un legame intenso e ingiudicabile.

La Prima guerra mondiale non ferma la sua instancabile energia e la vede inviata in Italia per una serie di reportage pubblicati per *Le Matin*.

Nel 1920 pubblica *Chéri*, un libro che potremmo definire "profetico": racconta la storia di una signora di mezza età che intesse una relazione con un ragazzo più giovane di ventiquattro anni. Dopo la sensualità di Claudine è quella della donna matura a interessarla, e Colette rompe così un altro tabù, ancora oggi molto in auge. Nei rapporti d'amore, infatti, la differenza d'età è benevolmente accettata quando è l'uomo a essere più grande, mentre è considerata indecente nel caso opposto. Uno dei tanti pregiudizi che la scrittrice con allegria si diverte a fare in mille pezzi.

Ma il vero putiferio scoppia poco dopo, quando Colette incontra per la prima volta Bertrand de Jouvenel, il figlio diciassettenne che il nuovo marito ha avuto da un matrimonio precedente. "Quel che si scrive succede" aveva dichiarato lei stessa, e infatti tra i due nasce una *liaison*, proprio come nel romanzo appena pubblicato.

Con Colette non è solo la letteratura che si ispira alla vita ma può accadere anche il contrario, ed ecco che ancora una volta la scrittrice viene bollata con tutti gli appellativi che la società ha in serbo per le donne che escono dai binari: trasgressiva, spudorata, temeraria, immorale... la lista potrebbe continuare all'infinito. E noi non possiamo che dirle grazie: tra tutti i luoghi comuni che ha infranto mischiando abilmente vita e opere, credo che quello raccontato in *Chéri* sia il più duro a morire. Rivendicare negli anni Venti del Novecento la sessualità di un corpo femminile maturo e renderlo protagonista di una storia appassionata è stata una vera rivoluzione. All'epoca le donne dopo i quarant'anni erano considerate dei malinconici fantasmi o, al massimo, sbiadite comparse ai margini della società, mentre Colette, con la sua personale resurrezione della carne, ha restituito per sempre dignità ai loro desideri.

Dopo il secondo divorzio, nel 1925 la scrittrice sembra trovare finalmente l'amore della maturità in Maurice Goudeket, un commerciante di perle perdutamente innamorato di lei dal primo istante, che l'accompagnerà con tenerezza nel periodo più buio.

Nel 1930 pubblica *Sido*, un poetico omaggio alla madre scomparsa. L'eredità spirituale di questa piccola signora rotondetta vestita di bianco, anticonformista, atea, quasi posseduta da un pensiero magico, sta tutta nell'imperativo "Ssh, guarda!", con cui invitava la figlia a osservare sin da bambina i tesori nascosti della natura, piccole meraviglie che le indicava con le mani rugose scolpite dal sole, dall'acqua e dai lavori domestici. È dagli insegnamenti di Sido che la scrittrice ha tratto l'amore sensuale per il paesaggio e la sua postura estetica; per ringraziarla di questo dono, nel libro la trasforma in un essere sovrannaturale, una divinità della terra capace di svelare il misticismo del cosmo. Non a caso – come racconterà Bel-Gazou – l'ultima parola pronunciata da Colette prima di morire sarà proprio "Guarda!", invitando con lo sguardo gli amici presenti a contemplare la bellezza del giardino del Palais Royal dalla finestra di casa, ormai da tempo il suo unico punto di osservazione sul mondo.

Lei, che ha incarnato l'energia allo stato puro, si sente ormai poco più che un mobile d'antiquariato, nulla la smuove più dal suo letto-scialuppa.

Colette ha finito il suo viaggio, presta poca attenzione alle celebrità che vengono a farle visita per condividere il respiro mostruoso del genio.

Per tutta la sua lunga esistenza ha avuto confidenza con gli scandali; solo uno le è sempre parso irrimediabile e odioso, ovvero il passare degli anni con il suo carico di malattie che interferiscono con ogni piacere della mente e del corpo, quando il fisico lentamente ci abbandona e non detta più la lunga lista di desideri che ci ha tenuto allegri e in vita.

La fine è l'unico vero scandalo.

Come darle torto?

RINGRAZIAMENTI

Lo so, i ringraziamenti sono una perversione ritenuta oggi quasi inopportuna, ma io non posso farne a meno.

All'inizio di *Eve's Hollywood*, il primo romanzo di Eve Babitz, ci sono più di dieci pagine in cui sono elencati luoghi, persone e addirittura cibi a cui è dedicato il libro.

Potrei fare lo stesso con i miei ringraziamenti, ma non siamo più negli anni Settanta e la nostra soglia di attenzione si è notevolmente abbassata, però almeno una pagina vi tocca tutta.

Ringrazio...

l'entusiasmo, la cura e la creatività di Francesca Parravicini, che mi ha accompagnato nella compilazione di questo album spettinato;

la fedeltà e la pazienza di Chiara Melloni;

la fiducia allegra e la "voce" di Carlo Carabba;

mio nipote, per la ventata di *joie de vivre* che ha portato nella mia vita;

l'amicizia senza riserve di Orsa, Germana e Maura;

la sorellanza inattaccabile di Chiara Valerio;
l'eterna complicità di Luisa Pistoia;
i consigli e le cure affettuose della Sosia & Pistoia;
l'attenzione instancabile di Oscar Alicicco;
l'amabile precisione di Riccardo Falcinelli;
il lavoro potente di Rossella Fumasoni, che ancora una volta ha reso prezioso il mio libro.

E la mia famiglia intera, quella regolare e irregolare, per tutto, per sempre...

E naturalmente il banco di fiori e piante di Anastasia a Campo de' Fiori.

BIBLIOGRAFIA

In generale

Farid Abdelouahab, *Muses. Elles ont conquis les cœurs*, Arthaud, Parigi 2011.

Whitney Chadwick, *The Militant Muse: Love, War and the Women of Surrealism*, Thames and Hudson Ltd, Londra 2017.

Melania G. Mazzucco, *Il museo del mondo delle donne*, Einaudi, Torino 2022.

Catherine McCormack, *Women in the Picture: Women, Art and the Power of Looking*, Icon Books, Londra 2021.

Ruth Millington, *Muse: Uncovering the Hidden Figures Behind Art History's Masterpieces*, Vintage Publishing, New York 2022.

Sympathy for Marianne

Rich Cohen, *Rolling Stones Rock'n'Roll love*, traduzione di D. Fasic, Sperling & Kupfer, Milano 2016.

Marianne Faithfull con David Dalton, *Faithfull: An Autobiography*, Little, Brown and Company, Boston 1994.

Lucinda Hawksley, *Lizzie Siddal. Il volto dei Preraffaelliti*, traduzione di M. Ciavarretti e A. Scopano, Odoya, Bologna 2019.

Elizabeth Siddall, *My Ladys Soul: The Poems of Elizabeth Eleanor Siddall*, a cura di S. Trowbridge, Victorian Secrets, Brighton 2018.

Ragazze elettriche

Salvador Dalì, *La mia vita segreta*, traduzione di I. Brin, Abscondita, Milano 2006.

Salvador Dalì, *Les dîners de Gala*, Taschen, Colonia 2016.

Françoise Giroud, *Alma Mahler: o l'arte di essere amata*, traduzione di M. Dean, Beat, Milano 2022.

Alma Mahler Werfel, *Diaries 1898-1902*, Cornell University Press, New York 1998.

Alma Mahler-Werfel, *La mia vita*, traduzione di F. Salieri, Castelvecchi, Roma 2012.

Ragazze interrotte

Louise Baring, *Dora Maar: Paris in the Time of Man Ray, Jean Cocteau, and Picasso*, Rizzoli International Publications, New York 2017.

André Breton, *Nadja*, traduzione di G. Falzoni, Einaudi, Torino 2007.

Simone Breton, *Lettres à Denise Naville*, Joëlle Losfeld, Parigi 2005.

Mary Ann Caws, *Dora Maar senza Picasso*, traduzione di L. Rosaschino, Olivares, Milano 2001.

Osvaldo Guerrieri, *Schiava di Picasso*, Neri Pozza, Milano 2016.

Luca Trabucco (a cura di), *Camille Claudel: scultore. Un'identi-*

tà problematica tra arte e follia, Firenze, Nicomp Laboratorio Editoriale, Firenze 2012.

Tutto su Eve

Lili Anolik, *Hollywood's Eve: Eve Babitz and the Secret History of L.A.*, Scribner, New York 2019.

Eve Babitz, *Eve's Hollywood*, NYRB Classics, New York 2015.

Eve Babitz, *La mia Hollywood*, traduzione di T. Lo Porto, Bompiani, Milano 2023.

Eve Babitz, *Sex and Rage*, Counterpoint LLC, Berkeley 2017.

Eve Babitz, *Slow Days, Fast Company*, traduzione di T. Lo Porto, Bompiani, Milano 2017.

Di luce e ombra

Catherine Ormen, *Dior for ever*, Larousse, Parigi 2021.

Justine Picardie, *Miss Dior. A story of Courage and Couture*, Faber & Faber, Londra 2021.

Artemisia fecit

Tiziana Agnati, *Artemisia Gentileschi*, Giunti, Firenze 2014.

Eva Menzio (a cura di), *Artemisia Gentileschi, Lettere. Precedute da Atti di un processo per stupro*, Abscondita, Milano 2004.

Elisabetta Rasy, *Le disobbedienti. Storie di sei donne che hanno cambiato l'arte*, Mondadori, Milano 2019.

Sotto la maschera

Ruth Barton, *Hedy Lamarr: la vita e le invenzioni della donna più bella della storia del cinema*, traduzione di C. Mapelli, Castelvecchi, Roma 2011.

Hedy Lamarr, *Ecstasy and Me. My Life as a Woman*, Bartholo-
mew House, Wolverhampton 1966.

Effetto Matilda

Edward Bulwer-Lytton, *Richelieu; Or the Conspiracy: A Play in
Five Acts*, Leopold Classic Library, London 1839.

Jennifer Chiaverini, *L'incantatrice dei numeri*, traduzione di
M. Togliani, Neri Pozza, Milano 2019.

Letizia Giangualano, *L'ingegno di Minerva. Brillanti scienziate
dall'antichità ad oggi*, Corriere della Sera, Milano 2022.

Sophie Mousset, *Olympe de Gouges e i diritti della donna*, traduzione di A. R. Galeone, Argo, Lecce 2005.

Nicolas Witkowski, *Troppo belle per il Nobel*, traduzione di C.
Tartarini e A. Serra, Bollati Boringhieri, Torino 2019.

Signorine, un podcast di Chora Media e Intesa Sanpaolo
Onair.

Nel nome della libertà

Alberto Mario Banti, *Eros e virtù. Aristocratiche e borghesi da
Watteau a Manet*, Editori Laterza, Roma-Bari 2018.

Alexandre Dumas, *Le memorie di Garibaldi*, traduzione di M.
Milani, Mursia, Milano 2005.

Indro Montanelli e Marco Nozza, *Garibaldi*, Rizzoli, Milano
1962.

Cattiva maestra

Colette, *Claudine a scuola*, traduzione di C. Covito, Mondadori, Milano 2010.

Colette, *Il mio noviziato*, traduzione di M. Andolfato, Adelphi, Milano 1981.

Colette, *Les Vrilles de la vigne*, Fayard, Parigi 2004.

Maurice Goudeket, *Près de Colette*, Flammarion, Parigi 1956.

Patrice Gueniffey, Lorraine de Meaux (a cura di), *Les couples illustres de l'histoire de France*, Perrin, Parigi 2019.

Judith Thurman, *Una vita di Colette. I segreti della carne*, traduzione di C. Bigliosi e B. Amato, Milano 2001.

INDICE

PROEMIO	7
SYMPATHY FOR MARIANNE *Nostra musa della sopravvivenza*	13
RAGAZZE ELETTRICHE *Alma, Gala e l'arte del musismo*	35
RAGAZZE INTERROTTE *Tre muse senza lieto fine*	61
TUTTO SU EVE *Sesso, musa e rock and roll*	81
DI LUCE E OMBRA *Le muse della moda*	101
ARTEMISIA FECIT *Musa in suo nome proprio*	117
SOTTO LA MASCHERA *I segreti delle muse del cinema*	135

EFFETTO MATILDA 157
La scienza e le muse involontarie

NEL NOME DELLA LIBERTÀ 177
Muse a cavallo

CATTIVA MAESTRA 201
Colette, la vendetta della musa

RINGRAZIAMENTI 221
BIBLIOGRAFIA 223

Questo volume è stato stampato nell'ottobre 2023
presso Rotolito S.p.A. - Milano